대학 생활과 한문

**지은이** 박영호

경북대학교 한문학과 교수

**대학 생활과 한문**

**초판 1쇄** 2018년 2월 28일
**초판 2쇄** 2020년 2월 10일
**지은이** 박영호
**펴낸이** 김상동
**펴낸 곳** 경북대학교출판부
**출판등록** 1973년 10월 10일 ㉿97호
**주소** 대구광역시 북구 대학로 80
**전화** 053-950-6741~3
**팩스** 053-953-4692
**이메일** press@knu.ac.kr
**홈페이지** http://knupress.com

**ISBN** 978-89-7180-483-4 93700

정가는 뒤표지에 있습니다. 파본은 바꾸어 드립니다.

# 대학 생활과 한문

한문 고전의 가장 큰 가치는 그것을 읽는 독자의 현재적 삶에 큰 울림을 준다는 점이다. 선인들이 남긴 자취를 통해 현재의 나를 발견하고 나와 내 주변을 이해하는 일, 그것은 내 인생을 주체적으로 살아가는 데 초석이 될 것이다.

**박영호** 지음

경북대학교출판부

# 머리말

한문 고전의 가장 큰 가치는 그것을 읽는 독자의 현재적 삶에 큰 울림을 준다는 점이다. 선인들이 남긴 자취를 통해 현재의 나를 발견하고 나와 내 주변을 이해하는 일, 그것은 내 인생을 주체적으로 살아가는 데 초석이 될 것이다.

이 책은 그중에서도 특히 대학생들에게 의미가 있는 한문 고전을 중심으로 내용을 구성하였다. 자신과 주변을, 현재와 미래의 삶을 돌아볼 계기가 될 만한 고전을 선별하여 '개인의 일생', '관계와 사회', '자기 계발', '세상 보기', '마음에 새기는 경계'라는 주제로 묶어 보았다. 한문 문장을 쉽게 익힐 수 있도록 한문 문법에 대해 먼저 소개하고, 각각의 강에서는 다양한 한문 문체를 접하게 하였으며, 본문과 관련되는 한자와 한자 어휘를 효과적으로 익힐 수 있도록 안배하였다.

이 책을 통하여 대학생들이 자신의 삶을 보다 현명하고 행복하게 영위하기를 바라는 한편, 교양과 품격을 갖춘 성숙한 시민으로 성장하는 데 조금이나마 도움이 되기를 바란다.

저자 **박영호**

## 목 차

# 三
# 관계와 사회



# 四
# 자기 계발

## 五
## 세상 보기



## 六
## 마음에 새기는 경계

一

대학 생활과 한문

# 한문의 첫걸음

## 제1강 문법 맛보기

# 제1강 문법 맛보기

한문의 첫걸음

## 01 한자어의 짜임

한자어란 한자를 기본단위로 하여 보다 큰 의미로 짜여진 말인데, 두 자 이상의 한자가 결합하여 의미체를 형성할 때는 일정한 기능상의 관계를 가진다.

### 1) 주술 관계 : 주어 + 서술어 = ~이(가) …하다.

예 日出(일출) 해가 뜨다.

日出於東山(일출어동산). 해가 동산에서 뜨다.

### 2) 술목 관계 : 서술어 + 목적어 = ~을(를) …하다.

예 讀書(독서) 책을 읽다.

男兒須讀五車書(남아수독오거서).

남아는 모름지기 다섯 수레의 책을 읽어야 한다.

修身(수신) 몸을 닦다.

修身齊家治國平天下(수신제가치국평천하).

몸을 닦고 집안을 가지런히 하고 나라를 다스리고 천하를 평정한다.

### 3) 술보 관계 : 서술어 + 보어 = ~이(가) …하다, ~에 …하다.

補語(보어)는 서술어를 도와 부족한 뜻을 완전하게 해 준다.

예 有罪(유죄) 죄가 있다.
無限(무한) 한이 없다.
登山(등산) 산에 오르다.
不登高山(부등고산), 不知天之高也(부지천지고야).
높은 산에 오르지 않으면, 하늘이 높은 줄 모른다.

### 4) 수식 관계 : 수식어 + 피수식어

예 青山(청산) 푸른 산
必勝(필승) 반드시 이기다.
百花(백화) 온갖 꽃
百花滿開(백화만개). 온갖 꽃이 활짝 피다.

### 5) 병렬 관계 : 반의어 혹은 유의어를 나열

예 興亡(흥망) 흥하고 망함
困難(곤란) 딱하고 어려움
朋友(붕우) 벗과 벗
朋友有信(붕우유신). 벗과 벗 사이에는 믿음이 있다.

# 02 한문 문장의 짜임

문장이란 하나의 완결된 생각을 나타낸 언어단위로서, 일반적으로 主部(주부)와 述部(술부)로 이루어진다.

## 1) 주술 구조 : 주어 + 서술어 = ~이(가) …하다(이다).

예 天高馬肥(천고마비). 하늘은 높고 말은 살찐다.
自然師也(자연사야). 자연은 스승이다.

## 2) 주술목 구조 : 주어 + 서술어 + 목적어 = ~가 ~을 …하다.

예 仁者樂山(인자요산). 어진 사람은 산을 좋아한다.
愚公移山(우공이산). 우공이 산을 옮긴다.
臣事君(신사군). 신하는 임금을 섬긴다.
君使臣(군사신). 임금은 신하를 부린다.

## 3) 주술보 구조 : 주어 + 서술어 + 보어 = ~이 ~에(보다) …하다.

예 家有慶(가유경). 집안에 경사가 있다.
積善之家(적선지가), 必有餘慶(필유여경).
선행을 쌓은 집안에는 반드시 넉넉한 경사가 있다.
恩深於海(은심어해). 은혜가 바다보다 더 깊다.
少年易老學難成(소년이로학난성).
젊은이는 늙기가 쉬운데 학문은 이루기가 어렵다.

#### 4) 주술목보 구조 : 주어 + 서술어 + 목적어 + 보어 = ~이 ~을 ~에게(~라고) …하다.

예 人謂我賢(인위아현). 사람들이 나를 어질다고 말한다.
孔子問禮於老子(공자문례어노자). 공자가 예를 노자에게 묻다.

한문의 첫걸음

## 03 虛字(허자)의 쓰임

허자는 글자와 글자, 어구와 어구, 글자와 어구를 이어 주거나 그 관계를 명료하게 하고, 문장의 어기를 적절히 표현하여 그 뜻을 돕는 한자로, 실질적 의미를 갖기보다 주로 문법적 기능을 한다.

### 1. 前置詞(전치사)

#### 1) 於 · 于 · 乎 + 명사 = ~에, ~에서, ~에는, ~에게, ~보다

예 月出於東天(월출어동천), 日落於西山(일락어서산).
달은 동쪽 하늘에서 뜨고 해는 서쪽 산으로 진다.
吾十有五而志于學(오십유오이지우학).
나는 열다섯 살에 배움에 뜻을 두었다.
國之語音(국지어음), 異乎中國(이호중국). 나라말이 중국과 다르다.
光陰速乎矢(광음속호시). 세월이 화살보다 빠르다.

### 2) 以 + 명사 = ~으로써, ~을 가지고, ~에 의하여, ~ 때문에

예 君使臣以禮(군사신이례). 임금은 예로써 신하를 부린다.
王待吾以國師(왕대오이국사). 왕이 나를 국사로 대우하다.
弟以其一與兄(제이기일여형). 아우가 그 중의 하나를 형에게 주었다.
衣以新爲好(의이신위호), 人以舊爲好(인이구위호).
옷은 새 옷을 좋게 여기고, 사람은 오래 사귄 사람을 좋게 여긴다.
*以 A 爲 B A를 B로 여기다.

### 3) 自・由・從 + 명사 = ~로부터, ~에서

예 自初至終(자초지종) 처음부터 끝까지
病從口入(병종구입), 禍從口出(화종구출).
병은 입으로부터 들어오고 재앙은 입으로부터 나온다.

## 2. 접속사

### 1) 且・與・及 : ~와, ~하고

예 重且大(중차대) 중요하고도 크다.
富與貴(부여귀), 是人之所欲也(시인지소욕야).
부유함과 귀함, 이것은 사람이 바라는 것이다.

### 2) 而 : (순접) ~해서, ~하고 / (역접) ~하나, ~하되

예 登高山(등고산), 而望四海(이망사해). 높은 산에 올라가 천하를 바라본다.
盡人事(진인사), 而待天命(이대천명). 사람이 할 일을 다 하고, 하늘의 명을 기다린다.

良藥苦於口(양약고어구), 而利於病(이리어병).
좋은 약은 입에 쓰나 병에는 이롭다.

千人所指(천인소지), 無病而死(무병이사).
많은 사람에게 손가락질을 당하면 병이 없어도 죽는다.

### 3) 則 : (가정) ~라면, ~하면 / (조건) ~이면

예 欲速則不達(욕속즉부달), 見小利則大事不成(견소리즉대사불성).
빨리 하려고 하면 이르지 못하고 작은 이익을 보면 큰일을 이루지 못한다.

家貧則思良妻(가빈즉사량처), 國亂則思良相(국난즉사량상).
집이 가난하면 어진 아내를 생각하고 나라가 어지러우면 어진 재상을 생각한다.

## 3. 종결어기사

### 1) 也・矣・也已 : (단정) ~하다, ~이다.

예 孝百行之源也(효백행지원야). 효도는 모든 행동의 근원이다.

朝聞道(조문도), 夕死可矣(석사가의).
아침에 도를 깨달으면 저녁에 죽더라도 좋을 것이다.

可謂好學也已(가위호학야이). 배움을 좋아한다고 말할 수 있다.

### 2) 已・耳・而已・而已矣 : (한정) ~일 뿐이다, ~일 따름이다.

예 北斗以南一人而已(북두이남일인이이). 북두칠성 이남에서 단 한 사람일 뿐이다.

天不言(천불언). 以行與事(이행여사), 示之而已矣(시지이이의).
하늘은 말로 하지 않는다. 행동과 일을 통해 보여 줄 뿐이다.

唯在立志如何耳(유재입지여하이). 오직 뜻을 세움이 어떠한가에 달려 있을 뿐이다.

### 3) 也 · 乎 · 與(歟) · 哉 · 耶(邪) : (의문, 반어) ~인가, ~한가?

예 學而時習之(학이시습지), 不亦說乎(불역열호)?
배우고 때때로 익히면 또한 기쁘지 않겠는가?
是誰之過與(시수지과여)? 이것이 누구의 잘못인가?
豈可他求哉(기가타구재)? 어찌 다른 데에서 구할 수 있겠는가?

### 4) 哉 · 乎(呼) · 夫 · 矣 · 也 : (감탄) ~로다, ~하구나.

감탄사와 호응하며, 문장의 도치를 이루는 경우가 많다.

예 善哉(선재), 言乎(언호)! 훌륭하도다, 말씀이시여!
嗚呼(오호), 痛哉(통재)! 아아, 슬프도다!
甚矣(심의), 吾衰也(오쇠야)! 심하구나, 나의 쇠함이여!

## 4. 기타

### 1) 之

- 수식 : 수식어 + 之 + 피수식어 = ~의, ~하는

예 子不談父之過(자부담부지과). 자식은 부모의 허물을 말하지 않는 법이다.

- 주격조사 : 주어 + 之 + 서술어 = ~은(는), ~이(가)

예 鳥之將死(조지장사), 其鳴也哀(기명야애). 새가 장차 죽으려 할 때 그 울음소리가 슬프다.

- 도치 : 목적어 + 之 + 서술어 + 보어

예 修道之謂教(수도지위교). 도를 닦는 것을 교라 한다.

## 2) 其

- 관형사 : 其 + 명사 = 그의 + 명사

예 不知其人(부지기인), 視其友(시기우).
그 사람을 알지 못하거든, 그의 친구를 보라.

- 대명사 : 其 + 동사 = 그 + 동사

예 其聞道也(기문도야), 固先乎吾(고선호오).
그 도를 들음이 진실로 나보다 앞선다.

## 3) 所

- 所 + 수식어 = ~하는 바, ~하는 것, ~하는 곳

예 所謂(소위)　이른바

人之所惡者(인지소오자), 吾亦惡之(오역오지).
남이 싫어하는 것은 나 또한 싫어한다.

幼而不學(유이불학), 老無所知(노무소지).
어려서 배우지 않으면, 늙어서 아는 것이 없다.

## 4) 者

- 수식어 + 者 = ~하는 사람, ~하는 일, ~하는 것

예 智者(지자), 有所不能(유소불능).　지혜로운 사람도 할 수 없는 바가 있다.

仁者人也(인자인야), 義者宜也(의자의야).
인이라는 것은 사람다움이요, 의리라는 것은 마땅함이다.

# 04 문장의 형식

화자가 어떠한 의향을 가지고 말하느냐에 따라 문장의 형식이 결정된다.

## 1) 평서형 : 사실을 있는 그대로 서술하는 문장 형식
~也 · 矣 · 也已 · 焉 : ~이다.

예 書心畫也(서심화야), 言心聲也(언심성야).
글씨는 마음의 그림이요, 말은 마음의 소리이다.

舟已行矣(주이행의). 배가 이미 떠나갔다.

可謂好學也已(가위호학야이). 배우기를 좋아한다고 말할 수 있다.

寒暑易節(한서역절), 始一反焉(시일반언).
겨울과 여름이 계절을 바꿔야 비로소 한 번 되돌아간다.

## 2) 부정형 : 동작 · 상태 · 일을 부정하는 뜻을 나타내는 문장 형식
不(弗) · 非 · 未 : ~이 아니다.
無 · 亡 · 莫 : ~이 없다.

예 歲月不待人(세월부대인). 세월은 사람을 기다리지 않는다.

我非生而知之者(아비생이지지자). 나는 나면서부터 아는 사람이 아니다.

我未見好仁者(아미견호인자), 惡不仁者(오불인자).
나는 인을 좋아하는 사람과 불인을 미워하는 사람을 아직 보지 못했다.

君子居無求安(군자거무구안). 군자는 거처함에 안락함을 구함이 없다.

吾盾之堅(오순지견), 莫能陷也(막능함야).
내 방패의 견고함은 무엇으로도 뚫을 수 없다.

### 3) 의문형 : 상대의 의사를 묻는 문장 형식

何 · 誰 · 孰 · 安 : 무엇 · 누구 · 어디 · 어찌

~乎 · 與 · 耶 · 諸(之乎) : ~인가, ~하는가?

예 讀書何爲(독서하위)? 책을 읽어서 무엇합니까?

漢陽中誰最富(한양중수최부)? 한양에서 누가 가장 부자인가?

弟子孰爲好學(제자숙위호학)? 제자 중에서 누가 학문을 좋아합니까?

子將安之(자장안지)? 그대는 장차 어디로 가는가?

以五十步笑百步(이오십보소백보), 則如何(즉여하)?

오십 보로써 백 보를 비웃으면 어떻습니까?

人皆謂我毁明堂(인개위아훼명당), 毁諸(훼저)? 已乎(이호)?

사람들이 모두 나에게 명당을 부수라고 하니, 부수어야 합니까?

아니면 말아야 합니까?

### 4) 반어형 : 反問(반문)의 뜻을 나타내는 문장 형식

豈 · 何 · 焉 · 安 + 乎 · 哉 · 也 : 어찌 ~하겠는가?

不亦 ~ 乎 : 또한(참으로) ~하지 않겠는가?

예 何益之有(하익지유)? 무슨 유익함이 있겠는가?

是豈水之性哉(시기수지성재)? 이것이 어찌 물의 성질이겠는가?

吾何畏彼哉(오하외피재)? 내가 어찌 그를 두려워하겠는가?

寧無不平之心乎(녕무불평지심호)? 어찌 불평하는 마음이 없겠는가?

不亦樂乎(불역락호)? 또한 즐겁지 않겠는가?

### 5) 비교형 : 비교 우위의 뜻을 나타내는 문장 형식

若 · 如 · 猶 + 於(乎) : 마치 ~와 같다.

不如 · 莫如 + 於(乎) : ~만 못하다, ~만 한 것이 없다.

예 上善若水(상선약수). 최상의 선은 물과 같다.

學問如逆行舟(학문여역행주). 학문은 물을 거슬러 가는 배와 같다.

至樂莫如讀書(지락막여독서). 가장 즐거운 일은 독서만 한 것이 없다.

霜葉紅於二月花(상엽홍어이월화). 서리 맞은 잎이 이월에 피는 꽃보다 더 붉다.

### 6) 사동형 : 남에게 어떤 동작을 하게 하는 문장 형식

**使・令・命・教・遣 : ~로 하여금(에게) ~하게(하도록) 하다.**

예 賢婦令夫貴(현부령부귀). 어진 아내는 남편으로 하여금 귀하게 한다.

天無口(천무구), 使人言(사인언). 하늘은 입이 없어서 사람으로 하여금 말하게 한다.

誰教其人作此詩乎(수교기인작차시호)?

누가 그 사람으로 하여금 이 시를 짓게 하였는가?

### 7) 피동형 : 주체가 남에 의해 동작을 하게 되는 문장 형식

**見・被 : ~을 당하다(받다).**

예 信而見疑(신이견의). 믿을 만한데도 의심을 받는다.

是以見放(시이견방). 이런 까닭으로 추방을 당했다.

### 8) 금지형 : 어떤 행위를 하지 못하도록 금지하는 문장 형식

**勿・無・毋 : ~하지 말라.**

예 己所不欲(기소불욕), 勿施於人(물시어인).

자기가 하고 싶지 않은 일은 남에게 시키지 말라.

無道人之短(무도인지단). 남의 단점을 말하지 말라.

不患人之不己知(불환인지불기지), 患不知人也(환부지인야).

남이 자기를 알아주지 않음을 근심하지 말고,

(내가) 남을 알지 못할까 근심하라.

### 9) 감탄형 : 기쁨 · 슬픔 · 탄식 등의 감정을 나타내는 문장 형식

**嗚呼 · 惡 · 噫 : 아!**

**~哉 · 也 · 矣 : ~여, ~로구나.**

예 善哉(선재), 言乎(언호)! 훌륭하도다, 말씀이여!

惡(오)! 是何言也(시하언야)? 아! 이게 무슨 말인가?

異哉(이재), 此人之教子也(차인지교자야)!

다르구나, 이 사람이 자식을 가르치는 방법이여!

# 연습하기

三

대학 생활과 한문

# 개인의 일생

**내용 구성**

**본문** | 고전 읽기 | 이해와 감상 | 보충 자료
**쉼터** | 이야기로 들려주는 성어
**한시 감상** | 한시 읽기

마무리 과제 | 한자 쓰기

# 제2강 이름의 의미

이름의 의미

## 『역옹패설』 전집의 서문

대개 '櫟(역)' 자에 '樂(락)' 자를 붙인 것은 소리 때문이다. 그러나 재목감이 되지 못해서 베어지는 피해에서 멀어지는 것은 나무에게 있어서는 즐거울 만한 일이니, 그래서 '樂(락)' 자를 붙인 것이다. 내가 일찍이 大夫(대부)의 뒤를 따르는 벼슬아치가 되었다가, 스스로 벗어나 못난 성질을 기르면서 이 일로 인하여 호를 '櫟翁(역옹)'이라 하였으니, 이는 행여 재목감이 되지 못하여 장수를 누릴 수 있을까 하는 뜻이었다. '稗(패)' 자에 '卑(비)' 자를 붙인 것 역시 소리 때문인데, 이것을 字義(자의)의 측면에서 살펴보면 돌피[稗(패)]는 곡식[禾(화)] 중에 卑賤(비천)한 것이다. 내가 젊어서는 글을 읽을 줄 알았으나 장성하면서 배움을 그만두었다. 지금은 늙었는데, 도리어 잡다한 문장 짓기를 즐겨서 알맹이 없이 하찮은 모양이 돌피와 같다. 그러므로 그 기록한 것을 이름하여 '稗說(패설)'이라고 한다.

# 櫟翁稗說前集序
역옹패설전집서

夫櫟之從樂, 聲也. 然以不材遠害, 在木爲可樂,
부력지종락 성야 연이부재원해 재목위가락

所以從樂也. 予嘗從大夫之後, 自免以養拙, 因
소이종락야 여상종대부지후 자면이양졸 인

號'櫟翁', 庶幾其不材而能壽也. 稗之從卑, 亦聲
호역옹 서기기부재이능수야 패지종비 역성

也, 以義觀之, 稗禾之卑者也. 余少知讀書, 壯
야 이의관지 패화지비자야 여소지독서 장

而廢其學. 今老矣, 顧喜爲駁雜之文, 無實而可
이폐기학 금로의 고희위박잡지문 무실이가

卑, 猶之稗也. 故名其所錄, 爲'稗說'云.
비 유지패야 고명기소록 위패설운

* 출전 : 李齊賢(이제현), 『櫟翁稗說前集(역옹패설전집)』

**한자 익히기**

- □ **從** 종 따르다
- □ **櫟** 력 상수리나무
- □ **翁** 옹 늙은이
- □ **害** 해 해롭다
- □ **嘗** 상 일찍이
- □ **拙** 졸 옹졸하다
- □ **庶幾** 서기 거의
- □ **稗** 패 피
- □ **駁** 박 섞이다
- □ **雜** 잡 섞이다
- □ **廢** 폐 그만두다
- □ **卑** 비 낮다

## 이해와 감상



遺臭萬年(유취만년) 流芳百世(유방백세), 豹死留皮(표사유피) 人死留名(인사유명)이라는 성어처럼 이름과 명성을 남기려는 욕망은 누구에게나 있다. 이름을 돌아보고 뜻을 생각한다[顧名思義(고명사의)]라는 말 역시 마찬가지이다. 그만큼 이름이 중요하다는 뜻이지만, 역설적으로 훌륭하고 뛰어난 이름과 명성은 자신을 낮추는 데에서 더욱 드러난다.

고려 말 학자이자 문장가인 益齋(익재) 李齊賢(이제현)의 시화 잡록집인 『櫟翁稗說(역옹패설)』이 바로 그와 같은 경우이다. 익재는 그의 나이 56세 되던 해인 1342년에 벼슬에서 물러나 『櫟翁稗說(역옹패설)』을 저술하였는데, 자신의 글이 마치 비천한 돌피와 같이 보잘것없다고 하면서 책 제목을 '櫟翁(역옹)의 稗說(패설)'이라 이름 붙였지만, 기실 『櫟翁稗說(역옹패설)』은 익재 문학의 眞髓(진수)이자 稗官文學(패관문학)의 壓卷(압권)으로 평가된다. 스스로 낮은 이름을 자처하였음에도, 결국은 그 이름이 실질을 더욱 빛내는 구실을 하는 것이다.

## 보충 자료

역옹패설전집서

- **李齊賢** 이제현 | 1287(충렬왕 13)~1367(공민왕 16). 字(자)는 仲思(중사), 號(호)는 益齋(익재)·櫟翁(역옹), 謚號(시호)는 文忠(문충)이다. 經史(경사)와 詩文(시문)에 두루 통달한 문호이자, 고려가 원나라에 정치적 간섭을 받던 시기에 고려의 주권을 보전하기 위해 노력을 다한 정치가이다.

- **『櫟翁稗說** 역옹패설**』** | 이제현이 56세 때(1342)에 宦路(환로)에서 은퇴한 시기에 저술한 책으로, 역대 詩文(시문)에 대한 비평이 실려 있어 이인로의 『破閑集(파한집)』, 최자의 『補閑集(보한집)』과 함께 고려시대 3대 문학비평서로 손꼽힌다.

| 名 | 實 | 相 | 符 |
| --- | --- | --- | --- |
| **명** 이름 | **실** 실제 | **상** 서로 | **부** 들어맞다 |

겉뜻 이름과 실상이 서로 꼭 들어맞다.

속뜻 알려진 명성과 실제의 모습이 일치하다.

符(부)는 곧 符信(부신)으로, 어떤 證票(증표)를 찢거나 나누어서 서로 지니고 있다가 훗날 맞추어 증거로 삼는 물건을 뜻한다. 둘로 나뉜 부신이 서로 정확하게 일치하듯 어떤 인물에 대한 타인의 평가와 그 인물의 실상이 부합하는 경우를 우리는 흔히 '名實相符(명실상부)'하다고 말한다.

조선 후기의 문신 宋秉璿(송병선)은 자신에게 벼슬을 내린 高宗(고종)에게 사양하는 뜻을 표하기 위해 다음과 같은 疏(소)를 올렸다.

"아! 名實相符(명실상부)하지 못함은 고금을 막론하고 근심하는 바입니다. 명성이 실상을 넘어서는 경우는 세상에 혹 있을 수도 있지만, 오로지 虛名(허명)을 훔쳐 성상의 영광과 총애를 두터이 받은 자는 신과 같이 심한 자가 아직 없었습니다. 적임자가 아님에도 불구하고 요행으로 자리를 차지하고 머릿수만 채우면서 봉급을 축내는 선례를 신이 진실로 먼저 남긴 격이니 어찌 두렵지 않겠습니까?"

자신을 벼슬자리에 천거한 이의 평가는 자신의 실상에 걸맞지 않은 虛名(허명)에 불과하다는 송병선의 말은, 오늘날 스스로를 추천하고 부각시키는 데에 골몰하는 현대인에게도 큰 시사를 준다. 名實相符(명실상부)하지 않은 남의 평가나 사회적 명성에 연연하기보다는 자신의 내면과 실질에 집중하는 편이 현명하지 않을까.

* 출전 : 「承政院日記(승정원일기)」 高宗(고종) 23년(1886) 6월 10일 조

## 한시 읽기

| | |
|---|---|
| 신선은 곧 산사람이고 부처는 사람이 아니네 | 仙是山人佛不人<br>선 시 산 인 불 불 인 |
| 기러기는 강 위의 새요 닭은 어찌 새일까 | 鴻惟江鳥鷄奚鳥<br>홍 유 강 조 계 해 조 |
| 얼음에 점 하나 사라지면 도로 물이 되고 | 氷消一點還爲水<br>빙 소 일 점 환 위 수 |
| 두 그루 나무 서로 마주 보면 곧 숲이 되네 | 兩木相對便成林<br>양 목 상 대 변 성 림 |

＊ 출전 : 金炳淵(김병연, 1807~1863), 「破字詩(파자시)」

**한자 익히기**

- □ 鴻 홍 큰 기러기
- □ 惟 유 오직
- □ 奚 해 어찌
- □ 鷄 계 닭
- □ 氷 빙 얼음
- □ 消 소 사라지다
- □ 還 환 돌아오다
- □ 便 변 곧

## 마무리 과제

자신의 이름을 풀이하여 字(자)를 지어 보고, 자신의 소망을 담아 號(호)를 지어 봅시다.

# 한자 쓰기

| 한자 | 음·뜻 | 부수·획수 |
|---|---|---|
| 從 | 종 따르다 | 두인변(彳)부 [3彳8 총11획] |
| 櫟 | 력 상수리나무 | 나무목(木)부 [4木15 총19획] |
| 翁 | 옹 늙은이 | 깃우(羽)부 [6羽4 총10획] |
| 害 | 해 해롭다 | 갓머리(宀)부 [3宀7 총10획] |
| 嘗 | 상 일찍이 | 입구(口)부 [3口11 총14획] |
| 拙 | 졸 옹졸하다 | 재방변(扌)부 [3扌5 총8획] |
| 稗 | 패 피 | 벼화(禾)부 [5禾8 총13획] |
| 駁 | 박 섞이다 | 말마(馬)부 [10馬4 총14획] |
| 雜 | 잡 섞이다 | 새추(隹)부 [8隹10 총18획] |
| 廢 | 폐 그만두다 | 엄호(广)부 [3广12 총15획] |

| | | | | | | |
|---|---|---|---|---|---|---|
| 卑 | **비** 낮다<br>열십(十)부 [2+6 총8획] | 卑 | 卑 | | | |
| 鴻 | **홍** 큰 기러기<br>새조(鳥)부 [11鳥6 총17획] | 鴻 | 鴻 | | | |
| 惟 | **유** 오직<br>심방변(忄)부 [3忄8 총11획] | 惟 | 惟 | | | |
| 奚 | **해** 어찌<br>큰대(大)부 [3大7 총10획] | 奚 | 奚 | | | |
| 鷄 | **계** 닭<br>새조(鳥)부 [11鳥10 총21획] | 鷄 | 鷄 | | | |
| 氷 | **빙** 얼음<br>물수(水)부 [4水1 총5획] | 氷 | 氷 | | | |
| 消 | **소** 사라지다<br>삼수변(氵)부 [3氵7 총10획] | 消 | 消 | | | |
| 還 | **환** 돌아오다<br>책받침(辶)부 [3辶13 총16획] | 還 | 還 | | | |
| 便 | **변** 곧<br>사람인변(亻)부 [2亻7 총9획] | 便 | 便 | | | |

# 제3강 어른이 된다는 것

어른이 된다는 것

## 아들 學(학)에게 써 주다

○ 평소 지낼 때에는 모름지기 경건히 하고 방종하거나 게을러서는 안 될 것이며, 말할 때에는 분명하고 알맞게 하려 하고 우스갯소리를 하거나 떠들어서는 안 된다.

○ 모든 일에 겸양하고 공손하여, 거만한 기세로 남을 업신여겨 스스로 치욕을 초래하지 않아야 한다.

○ 술을 마시고 방탕해져서 학업을 폐지해서는 안 된다. 또 말을 잘못하여 자신을 잃고 남까지 그르칠까 염려되니, 더욱더 깊이 경계해야 한다.

○ 남의 잘못이나 다른 사람의 長短(장단)과 是非(시비)를 말해서는 안 된다. 찾아와 이야기하는 사람이 있어도 역시 대꾸하지 말아야 한다.

○ 교유하는 벗은 더욱 사람을 잘 가려야 한다. 대체로 성정이 두텁고 미더우며 나의 잘못을 지적해 주는 사람은 유익한 벗이고, 아첨하고 가벼우며 오만하고 함부로 하여 남이 惡行(악행)을 저지르도록 이끄는 사람은 해로운 벗이다.

○ 남의 아름다운 말과 선한 행실을 보면 존경하여 기록해 두며, 나의 글보다 훌륭한 남의 좋은 글을 보면 빌려다가 익숙히 보거나 혹은 베껴 써 놓고 자문을 받아, 그 사람과 어깨를 나란히 하고야 말겠다는 생각을 해야 한다.

# 書與學兒
서 여 학 아

○ 居處須是恭敬, 不得倨肆怠慢, 言語須要諦當,
거 처 수 시 공 경 　 부 득 거 사 태 만 　 언 어 수 요 체 당

不得戲笑喧嘩.
부 득 희 소 훤 화

○ 凡事謙恭, 不得尙氣凌人, 自取耻辱.
범 사 겸 공 　 부 득 상 기 릉 인 　 자 취 치 욕

○ 不得飮酒荒肆廢業. 亦恐言語差錯, 失己忤人,
부 득 음 주 황 사 폐 업 　 역 공 언 어 차 착 　 실 기 오 인

尤當深戒.
우 당 심 계

○ 不可言人過惡, 及說人家長短是非. 有來告者,
불 가 언 인 과 오 　 급 설 인 가 장 단 시 비 　 유 래 고 자

亦勿酬答.
역 물 수 답

○ 交遊之間, 尤當深擇. 大凡敦厚忠信, 能攻吾過
교 유 지 간 　 우 당 심 택 　 대 범 돈 후 충 신 　 능 공 오 과

者, 益友也, 其諂諛輕薄, 傲慢褻狎, 導人爲惡
자 　 익 우 야 　 기 첨 유 경 박 　 오 만 설 압 　 도 인 위 악

者, 損友也.
자 　 손 우 야

○ 見人嘉言善行, 則敬慕而紀錄之, 見人好文字勝己,
견 인 가 언 선 행 　 즉 경 모 이 기 록 지 　 견 인 호 문 자 승 기

借來熟看, 或傳錄之而咨問之, 思與之齊而後已.
차 래 숙 간 　 혹 전 록 지 이 자 문 지 　 사 여 지 제 이 후 이

＊ 출전 : 安鼎福(안정복), 『順菴集(순암집)』

한자 익히기

- □ 怠 태 게으르다
- □ 慢 만 게으르다
- □ 諦 체 살피다
- □ 喧 훤 시끄럽다
- □ 譁 화 떠들썩하다
- □ 荒 황 거칠다
- □ 錯 착 어긋나다
- □ 凌 릉 업신여기다
- □ 忤 오 거스르다
- □ 酬 수 대답하다
- □ 諂 첨 아첨하다
- □ 諛 유 아첨하다
- □ 褻 설 더럽히다

## 이해와 감상

서여학아

아버지[안정복, 36세]가 열여섯 살에 결혼을 하는 아들 安景曾(안경증, 초명 壆(학))에게 보낸 편지글이다. 참다운 어른으로서 부부관계에서는 勤愼(근신)의 중요함을 강조하고 일상생활에서는 안일함에 빠지는 것이 독약과 같다고 역설하였다. 아울러 일상생활에서부터 교유와 학업 및 글쓰기 등에 관해 주자가 자식을 가르쳤던 여섯 가지 덕목을 적어 날마다 마땅히 외우고 생각하여 체득해서 행하도록 간곡하게 당부하였다. 안타깝게도 이 아들은 46세의 나이로 아버지보다 먼저 생을 마감하였다.

## 보충 자료

서여학아

- **安鼎福** 안정복 ㅣ 1712(숙종 30)~1791(정조 15). 자는 百順(백순), 호는 順菴(순암), 시호는 文肅(문숙). 성호 李瀷(이익)의 제자이자 실학자로, 특히 經學(경학)과 史學(사학)에 뛰어났다. 저서로 『順菴集(순암집)』이 있다.

- 『**順菴集** 순암집』 ㅣ 안정복의 문집으로, 1900년에 간행되었다. 그중 『東史綱目(동사강목)』을 집필하면서 우리나라 사서의 문제점과 역사 사실의 의문점을 이익, 윤동규 등과 편지로 문답한 '東史問答(동사문답)'이 유명하다.

| 相 | 敬 | 如 | 賓 |
|---|---|---|---|
| 상 서로 | 경 공경하다 | 여 같다 | 빈 손님 |

**겉뜻** 서로 공경하기를 손님같이 하다.

**속뜻** 가까운 사이라도 공경하는 마음을 늘 잃지 않다.

춘추시대 晉(진)나라 大夫(대부) 臼季(구계)가 다른 나라에 사신으로 갔다가 冀州(기주)를 지날 때였다. 郤缺(극결)이 김을 매고 그의 아내가 들밥을 내어 오는 모습을 보았는데, 서로 손님을 대하듯 공경하였다. 구계는 돌아가서 晉 文公(진 문공)에게 다음과 같이 말하였다.

"공경이란 덕이 모인 것이니, 공경을 잘한다면 반드시 덕을 지녔을 것입니다. 임금께서 덕으로써 백성들을 다스리고자 하신다면 그를 등용하십시오. 신이 들으니 '집 문을 나서서는 손님을 대우하듯 하고, 일을 받들 때는 제사 받들 듯이 하는 것이 仁(인)을 실천하는 방법이다.'라고 했습니다."

이에 문공이 극결을 下軍大夫(하군대부)로 삼았다.

이처럼 相敬如賓(상경여빈)은 가장 친밀한 관계에서 공경의 도를 지킨 극결의 고사에서 유래한 말이다. 부부간의 존중을 강조하고 있다는 점에서 유학에서 제시한 五倫(오륜) 가운데 하나인 夫婦有別(부부유별)과도 그 의미가 통한다. 유래는 부부간의 도리에서 출발하였지만, 그 경계는 다만 부부 사이에만 국한되지는 않을 것이다. 친할수록 그르치기 쉬운 관계의 어려움과 존중과 예의의 중요성을 강조한 말로 이해하고, 소중한 관계들을 돌아보는 바탕으로 삼아야 할 것이다.

＊ 출전 : 「春秋左傳(춘추좌전)」, 「희공(僖公) 33년」

## 한시 읽기

| | |
|---|---|
| 손을 쥐고 차마 헤어지지 못하니 | 握手不忍別<br>악 수 불 인 별 |
| 걱정스런 마음이 끝없이 이어지네 | 悠悠意不窮<br>유 유 의 불 궁 |
| 고개 들고 갈 길의 먼지를 바라보니 | 擧頭望行塵<br>거 두 망 행 진 |
| 쓸쓸히 갈바람이 이는구나 | 蕭蕭起秋風<br>소 소 기 추 풍 |
| 너를 전송하니 어디로 향하는가 | 送汝向何處<br>송 여 향 하 처 |
| 중국 연나라 삼천 리 먼 곳이로다 | 燕雲三千里<br>연 운 삼 천 리 |
| 가는 행차 보배롭고 중하니 | 征鞭去珍重<br>정 편 거 진 중 |
| 자식 그리는 마음 어디 쓰겠느냐 | 何用戀兒子<br>하 용 련 아 자 |
| 나라일은 모두 시기가 있으니 | 王事皆有期<br>왕 사 개 유 기 |
| 집 그리는 생각일랑 하지 말아라 | 勿爲戀家鄕<br>물 위 련 가 향 |
| 훌륭한 명성 날로 빛나는 것이 | 令聞日以彰<br>령 문 일 이 창 |
| 내 곁에 있는 것보다 낫겠지 | 勝似在我傍<br>승 사 재 아 방 |
| 서늘한 바람 문득 이르니 | 凉風忽已至<br>량 풍 홀 이 지 |

| | |
|---|---|
| 나그네 옷을 춥지 않게 하여라 | 遊子衣無寒<br>유 자 의 무 한 |
| 이렇듯 쓰이는 내 마음 생각해서 | 念此勞我懷<br>념 차 로 아 회 |
| 종종 평안하다는 소식 전해 다오 | 種種報本安<br>종 종 보 본 안 |
| 선성이 남겨 놓은 가르침 있으니 | 先聖有遺訓<br>선 성 유 유 훈 |
| 자기 몸을 공경함만 한 것이 없다네 | 莫若敬其身<br>막 약 경 기 신 |
| 늘 얼음 밟듯 삼가라는 경계 지킨다면 | 常存履氷戒<br>상 존 리 빙 계 |
| 몸이 편안하고 덕이 날로 새로워지리라 | 身安德日新<br>신 안 덕 일 신 |

* 출전 : 令壽閣 徐氏(영수합 서씨, 1753~1823), 「寄長兒赴燕行中(기장아부연행중)」

한자 익히기

- □ 握 악 잡다
- □ 悠悠 유유 아득하게 먼 모양
- □ 塵 진 티끌
- □ 蕭 소 쓸쓸하다
- □ 鞭 편 채찍
- □ 彰 창 빛나다
- □ 傍 방 곁
- □ 凉 량 서늘하다
- □ 忽 홀 갑자기
- □ 遺 유 남기다
- □ 履 리 밟다

# 마무리 과제

미래의 자녀에게 남기고 싶은 이야기를 적어 봅시다.

# 한자 쓰기

| 한자 | 음·뜻 | 부수 | 쓰기 | 쓰기 |
|---|---|---|---|---|
| 怠 | 태 게으르다 | 마음심(心)부 [4心5 총9획] | 怠 | 怠 |
| 慢 | 만 게으르다 | 심방변(忄)부 [3忄11 총14획] | 慢 | 慢 |
| 諦 | 체 살피다 | 말씀언(言)부 [7言9 총16획] | 諦 | 諦 |
| 喧 | 훤 시끄럽다 | 입구(口)부 [3口9 총12획] | 喧 | 喧 |
| 譁 | 화 떠들썩하다 | 말씀언(言)부 [7言12 총19획] | 譁 | 譁 |
| 荒 | 황 거칠다 | 초두머리(艹)부 [4艹6 총10획] | 荒 | 荒 |
| 錯 | 착 어긋나다 | 쇠금(金)부 [8金8 총16획] | 錯 | 錯 |
| 凌 | 릉 업신여기다 | 이수변(冫)부 [2冫8 총10획] | 凌 | 凌 |
| 忤 | 오 거스르다 | 심방변(忄)부 [3忄4 총7획] | 忤 | 忤 |
| 酬 | 수 대답하다 | 닭유(酉)부 [7酉6 총13획] | 酬 | 酬 |

| 한자 | 음·뜻 | 따라 쓰기 | |
|---|---|---|---|
| 諂 | **첨** 아첨하다<br>말씀언(言)부 [7言8 총15획] | 諂 | 諂 |
| 諛 | **유** 아첨하다<br>말씀언(言)부 [7言8 총15획] | 諛 | 諛 |
| 褻 | **설** 더럽히다<br>옷의(衣)부 [6衣11 총17획] | 褻 | 褻 |
| 握 | **악** 잡다<br>재방변(扌)부 [3扌9 총12획] | 握 | 握 |
| 悠 | **유** 아득하다<br>마음심(心)부 [4心7 총11획] | 悠 | 悠 |
| 塵 | **진** 티끌<br>흙토(土)부 [3土11 총14획] | 塵 | 塵 |
| 蕭 | **소** 쓸쓸하다<br>초두머리(艹)부 [4艹13 총17획] | 蕭 | 蕭 |
| 鞭 | **편** 채찍<br>가죽혁(革)부 [9革9 총18획] | 鞭 | 鞭 |
| 彰 | **창** 빛나다<br>터럭삼(彡)부 [3彡11 총14획] | 彰 | 彰 |
| 傍 | **방** 곁<br>사람인변(亻)부 [2亻10 총12획] | 傍 | 傍 |

| | | | | | | |
|---|---|---|---|---|---|---|
| 涼 | **량** 서늘하다<br>이수변(冫)부 [2冫8 총10획] | 涼 | 涼 | | | |
| 丶 冫 冫 冫 冫 冫 冫 涼 涼 涼 | | | | | | |
| 忽 | **홀** 갑자기<br>마음심(心)부 [4心4 총8획] | 忽 | 忽 | | | |
| 丿 勹 勺 勿 勿 忽 忽 忽 | | | | | | |
| 遺 | **유** 남기다<br>책받침(辶)부 [3辶12 총15획] | 遺 | 遺 | | | |
| 丶 口 口 中 中 虫 冉 冉 貴 貴 貴 貴 遺 遺 遺 | | | | | | |
| 履 | **리** 밟다<br>주검시(尸)부 [3尸12 총15획] | 履 | 履 | | | |
| ㄱ ㅋ 尸 尸 尸 尸 尸 尸 尸 履 履 履 履 履 履 | | | | | | |

# 제4강 생사의 기로에서

생사의 기로에서

## 죽은 딸 오씨 부인에 대한 묘지명

처음 딸이 죽었을 때에 거사는 즉시 그 墓誌銘(묘지명)을 쓸 생각이었는데, 이윽고 숭겸이 죽고 또 얼마 뒤에 둘째 딸이 죽고 또 이어 어버이의 喪(상)까지 당하는 바람에 비통한 마음이 심하여 다시 글을 지을 수가 없었다. 거사는 예전에 일가의 요절한 여자를 위해 墓文(묘문)을 지은 적이 있는데, 딸이 당시에 그 글을 보고 "이 사람은 그래도 아버지의 글을 얻어서 그 이름을 영원히 남기게 되었으니, 그 죽음이 불행하지 않겠습니다."라고 하였고, 또 이따금 明仲(명중, 사위)에게 이르기를, "나는 여자라 한스럽게도 세상에 드러낸 공덕이 없으니, 차라리 일찍 죽어서 우리 아버지의 몇 줄 글을 얻어 묘빗돌에 새기는 것이 낫지 않겠습니까?"라고 하였다. 그런데 지금 딸이 이미 죽었는데, 내가 제때에 銘(명)을 짓지 않고 하루아침에 갑자기 죽고 만다면, 아비와 자식의 눈이 모두 땅속에서 감기지 않을 것이다. 이에 마침내 비통함을 참고 눈물 흘리며 글을 써서 幽宅(유택)에 묻는다. 아! 그것이 정말 예언이었던 것인가? 너는 과연 바람을 이루었느냐?

다음과 같이 銘(명)을 짓는다.

"여자의 몸이지만, 儒士(유사)의 식견으로, 그 생애 덧없더니, 죽음은 더 안타깝네. 命(명)은 하늘에 달렸으니, 인력으로 어이하랴? 내 지어 새긴 銘文(명문), 마모되지 말기를."

# 亡女吳氏婦墓誌銘
망 녀 오 씨 부 묘 지 명

始女死, 居士卽有意銘其墓, 旣而崇謙死, 尋
시 여 사　거 사 즉 유 의 명 기 묘　기 이 숭 겸 사　심

又仲女死, 因以及於大故, 悲哀痛酷, 不復能
우 중 녀 사　인 이 급 어 대 고　비 애 통 혹　불 부 능

爲文. 居士昔嘗爲一家殤女, 作墓文, 女時見
위 문　거 사 석 상 위 일 가 상 녀　작 묘 문　여 시 견

之曰: "是尙得翁文, 爲不朽, 其死非不幸也."
지 왈　시 상 득 옹 문　위 불 후　기 사 비 불 행 야

間又謂明仲: "吾女子也, 恨無功德見於世, 無寧
간 우 위 명 중　오 여 자 야　한 무 공 덕 현 어 세　무 녕

蚤死, 得吾父數行文, 以鐫墓石?" 今女旣死矣,
조 사　득 오 부 수 항 문　이 전 묘 석　금 녀 기 사 의

而吾不以時爲銘, 卽一朝溘然, 父子之目, 俱不
이 오 불 이 시 위 명　즉 일 조 합 연　부 자 지 목　구 불

瞑於土中矣. 遂忍痛泣書, 以掩諸幽. 嗚呼!
명 어 토 중 의　수 인 통 읍 서　이 엄 제 유　오 호

是誠讖耶? 其果得其幸願者耶?
시 성 참 야　기 과 득 기 행 원 자 야

銘曰: "女子身, 儒士識, 生翳然, 死更惜.
명 왈　여 자 신　유 사 식　생 예 연　사 경 석

命在天, 莫與力? 銘在我, 尙不泐."
명 재 천　막 여 력　명 재 아　상 불 륵

* 출전 : 金昌協(김창협), 『農巖集(농암집)』

**한자 익히기**

- □ 銘 명 새기다
- □ 酷 혹 심하다
- □ 殤 상 일찍 죽다
- □ 蚤 조 일찍이
- □ 鐫 전 새기다
- □ 溘 합 갑자기
- □ 瞑 명 눈 감다
- □ 掩 엄 가리다
- □ 讖 참 징조
- □ 翳 예 가리다
- □ 泐 륵 갈라지다

## 이해와 감상



사람은 누구나 죽음을 운명으로 받아들이지만 막상 죽음 앞에서는 가는 사람이나 남는 사람이나 애통함을 쉽게 가누지 못한다. 이 글처럼 먼저 죽는 자식을 바라보는 부모의 마음이라면 더욱 그러하다. 이 글은 김창협이 막내딸이 21살로 죽고, 겨우 넉 달이 지난 11월에 아들이 또 죽고, 또 얼마 뒤 둘째 딸이 죽고, 다시 또 親喪(친상)을 당하면서 연이은 비통함을 안고 지은 것이다. 자신의 안타까운 사연과 슬픔을 서술하고, 막내딸에 대해서는 태어난 과정과 이름을 지은 내력, 학문적 성취와 총명함, 婦德(부덕) 등을 기록하면서 아비로서의 참담한 슬픔을 스스로 위로하였다. 마지막 부분과 銘文(명문)에 이르면 간절한 父情(부정)에 절로 눈물이 난다.

## 보충 자료

망녀오씨부묘지명

- **金昌協 김창협** | 1651(효종 2)~1708(숙종 34). 자는 仲和(중화), 호는 農巖(농암)·三洲(삼주)이다. 숙종 때 대사성 등의 관직을 지냈으나, 기사환국으로 아버지 金壽恒(김수항)이 賜死(사사)된 뒤 은거하고 후에 관직도 사양하였다. 저서로는 『農巖集(농암집)』이 있다.

- **『農巖集 농암집』** | 김창협의 시문집이다. 김창협의 생애와 활동은 물론 조선 후기 노론을 중심으로 하는 정치·경제·사회상을 알 수 있는 자료이다.

| 斷 | 腸 |
|---|---|
| 단 끊다 | 장 창자 |

겉뜻 창자를 끊다.

속뜻 창자가 끊어질 만큼 지극한 슬픔.

옛날에 晉(진)나라 桓公(환공)이 蜀(촉)에 들어가 험하기로 유명한 三峽(삼협)에 이르렀을 때 한 부락에서 새끼 원숭이를 잡아 온 자가 있었다. 그 새끼 원숭이의 어미가 절벽에 올라가 멀어져 가는 배를 바라보며 슬피 울부짖다가, 마침내는 그 배로 뛰어들어서는 기어이 숨을 거두고 말았다. 어미 원숭이의 배를 칼로 갈라 보니 창자가 마디마디 모두 끊어져 있었기에 배 안의 사람들이 모두 놀랐다. 자식을 잃은 슬픔이 창자를 끊고 만 것이다. 이 소식을 전해 들은 환공은 즉시 새끼 원숭이를 풀어 주고 새끼 원숭이를 잡아 온 병사를 매질한 다음 내쫓았다.

창자가 끊기는 듯한 처절한 슬픔은 唐(당)나라의 시인 白居易(백거이) 역시 시로 읊은 바 있다.

| | |
|---|---|
| 촉의 강물 푸르고 촉의 산도 푸른데 | 蜀江水碧蜀山青(촉강수벽촉산청) |
| 임금은 조석으로 양귀비를 그리워하네 | 聖主朝朝暮暮情(성주조조모모정) |
| 행궁에서 보는 달은 상심스러운 빛을 띠고 | 行宮見月傷心色(행궁견월상심색) |
| 밤비에 들리는 풍경 간장을 끊는 소리 내네 | 夜雨聞鈴腸斷聲(야우문령장단성) |

이 시는 양귀비를 그리워하는 唐 玄宗(당 현종)의 심정을 읊은 것이다. 자신의 일부로 여길 만큼 소중한 존재와의 이별이 이렇듯 처절한 상처를 남기는 것은 아마도 古今(고금)에 변함없는 이치인가 보다.

* 출전 : 『世說新語(세설신어)』「黜免(출면)」; 白居易(백거이), 「長恨歌(장한가)」

## 한시 읽기

한자 익히기

- □ **把** 파 잡다
- □ **草草** 초초 바쁜 모양
- □ **謾** 만 부질없다
- □ **孝直** 효직 趙光祖(조광조, 1482~1519)의 字(자)

무등산 앞에서 일찍이 손 잡았었는데

달구지로 초라하게 고향으로 돌아가네

후일 저승에서 서로 만나는 곳에선

세상사 부질없는 시비는 논하지 마세나

無等山前曾把手
무 등 산 전 증 파 수

牛車草草故鄕歸
우 거 초 초 고 향 귀

他年地下相逢處
타 년 지 하 상 봉 처

莫說人間謾是非
막 설 인 간 만 시 비

* 출전 : 朴祥(박상, 1474~1530), 「逢孝直喪(봉효직상)」

# 마무리 과제

나의 죽음을 가정하여, 세상에 남기는 유서를 작성해 봅시다.

# 한자 쓰기

| 한자 | 음·뜻 | 부수·획수 | 따라 쓰기 | 따라 쓰기 |
|---|---|---|---|---|
| 銘 | 명 새기다 | 쇠금(金)부 [8金6 총14획] | 銘 | 銘 |
| 酷 | 혹 심하다 | 닭유(酉)부 [7酉7 총14획] | 酷 | 酷 |
| 殤 | 상 일찍 죽다 | 죽을사(歹)부 [4歹11 총15획] | 殤 | 殤 |
| 蚤 | 조 일찍이 | 벌레충(虫)부 [6虫4 총10획] | 蚤 | 蚤 |
| 鐫 | 전 새기다 | 쇠금(金)부 [8金13 총21획] | 鐫 | 鐫 |
| 溘 | 합 갑자기 | 삼수변(氵)부 [3氵10 총13획] | 溘 | 溘 |
| 瞑 | 명 눈 감다 | 눈목(目)부 [5目10 총15획] | 瞑 | 瞑 |
| 掩 | 엄 가리다 | 재방변(扌)부 [3扌8 총11획] | 掩 | 掩 |
| 讖 | 참 징조 | 말씀언(言)부 [7言17 총24획] | 讖 | 讖 |
| 翳 | 예 가리다 | 깃우(羽)부 [6羽11 총17획] | 翳 | 翳 |

| 字 | 뜻 | | | | | |
|---|---|---|---|---|---|---|
| 泐 | **륵** 돌이 갈라지다<br>삼수변(氵)부 [3氵5 총8획] | 泐 | 泐 | | | |
| 丶 冫 氵 氵⁷ 氵⁷ 泐 泐 泐 | | | | | | |
| 把 | **파** 잡다<br>재방변(扌)부 [3扌4 총7획] | 把 | 把 | | | |
| 一 扌 扌 扌⁷ 扣 扣 把 | | | | | | |
| 謾 | **만** 부질없다<br>말씀언(言)부 [7言11 총18획] | 謾 | 謾 | | | |
| 丶 亠 亠 亠 言 言 言 言 詛 詛 詛 詛 謁 謁 謁 謁 謾 謾 | | | | | | |

# 연습하기

三

대학 생활과 한문

# 관계와 사회

## 제5강 우리의 뿌리를 찾아서

□ 檀君王儉 단군왕검

## 제6강 어버이를 친애하다

□ 父子有親 부자유친

## 제7강 사랑과 이별

□ 首揷石枏 수삽석남

## 제8강 사귐의 기술

□ 刎頸之交 문경지교

**내용 구성**

**본문** | 고전 읽기 | 이해와 감상 | 보충 자료
**쉼터** | 이야기로 들려주는 성어
**한시 감상** | 한시 읽기

마무리 과제 | 한자 쓰기

# 제5강 우리의 뿌리를 찾아서



## 단군왕검

옛날 桓因(환인)의 서자 桓雄(환웅)이 있었는데, 종종 하늘 아래 세상에 뜻을 두고 인간 세상을 탐내었다. 아버지가 아들의 뜻을 알고 三危山(삼위산)과 太伯山(태백산)을 내려다보니 인간 세상을 널리 이롭게 할 만하였다. 이에 天符印(천부인) 세 개를 주고, 내려가 인간 세상을 다스리게 하였다.

환웅은 무리 삼천 명을 이끌고 太伯山(태백산) 꼭대기 神壇樹(신단수) 아래로 내려왔으니, 이곳을 神市(신시)라 하고, 이분을 桓雄天王(환웅천왕)이라 하였다. 환웅천왕은 風伯(풍백)·雨師(우사)·雲師(운사)를 거느리고, 곡식·생명·질병·형벌·선악 등 인간 세상의 360여 가지 일을 주관하여 인간 세상을 다스리고 교화시켰다.

이때 곰 한 마리와 호랑이 한 마리가 같은 굴속에서 살고 있었는데, 항상 神雄(신웅, 환웅)에게 사람이 되기를 원한다고 기도하였다. 이때 신웅은 신령스러운 쑥 한 심지와 마늘 스무 개를 주면서, "너희들이 그것을 먹고 백 일 동안 햇빛을 보지 않으면 곧 사람의 모습이 될 것이다."라고 하였다. 곰과 호랑이는 이것을 얻어서 먹었다. 삼칠일(21일) 동안 참아서 곰은 여자의 몸을 얻었지만, 호랑이는 참지 못해 사람의 몸을 얻지 못하였다.

웅녀는 혼인할 상대가 없었기 때문에, 매번 신단수 아래에서 아기를 갖게 해 달라고 빌었다. 환웅은 이에 잠시 사람으로 변해 웅녀와 혼인하였고, 웅녀는 아들을 잉태하여 낳았으니 이분을 '壇君王儉(단군왕검)'이라 한다.

# 檀君王儉
단 군 왕 검

昔有桓因庶子桓雄, 數意天下, 貪求人世. 父
석 유 환 인 서 자 환 웅 삭 의 천 하 탐 구 인 세 부

知子意, 下視三危太伯, 可以弘益人間. 乃授天
지 자 의 하 시 삼 위 태 백 가 이 홍 익 인 간 내 수 천

符印三箇, 遣往理之. 雄率徒三千, 降於太伯
부 인 삼 개 견 왕 리 지 웅 솔 도 삼 천 강 어 태 백

山頂神壇樹下, 謂之'神市', 是謂'桓雄天王'也.
산 정 신 단 수 하 위 지 신 시 시 위 환 웅 천 왕 야

將風伯 · 雨師 · 雲師, 而主穀 · 主命 · 主病 · 主
장 풍 백 우 사 운 사 이 주 곡 주 명 주 병 주

刑 · 主善惡, 凡主人間三百六十餘事, 在世理化.
형 주 선 악 범 주 인 간 삼 백 육 십 여 사 재 세 리 화

時有一熊一虎, 同穴而居, 常祈于神雄, 願化爲人.
시 유 일 웅 일 호 동 혈 이 거 상 기 우 신 웅 원 화 위 인

時神遣靈艾一炷蒜二十枚曰: "爾輩食之, 不見
시 신 견 령 애 일 주 산 이 십 매 왈 이 배 식 지 불 견

日光百日, 便得人形." 熊虎得而食之. 忌三七日,
일 광 백 일 변 득 인 형 웅 호 득 이 식 지 기 삼 칠 일

熊得女身, 虎不能忌, 而不得人身. 熊女者, 無與
웅 득 녀 신 호 불 능 기 이 부 득 인 신 웅 녀 자 무 여

爲婚. 故每於壇樹下, 呪願有孕. 雄乃假化而婚
위 혼 고 매 어 단 수 하 주 원 유 잉 웅 내 가 화 이 혼

之, 孕生子, 號曰'壇君王儉'.
지 잉 생 자 호 왈 단 군 왕 검

* 출전 : 「三國遺事(삼국유사)」「古朝鮮(고조선)」

**한자 익히기**

- □ 遣 견 보내다
- □ 壇 단 단
- □ 穀 곡 곡식
- □ 靈 령 신령
- □ 艾 애 쑥
- □ 炷 주 심지, 자루
- □ 蒜 산 마늘
- □ 枚 매 낱, 줄기
- □ 爾 이 너
- □ 孕 잉 아이 배다

## 이해와 감상

단군왕검

어느 민족과 국가라도 종교를 막론하고 고대 건국에 관한 신화와 설화를 지니고 있다. 잘 알다시피 우리나라에는 檀君神話(단군신화)가 있고, 이를 우리의 뿌리와 역사의 기원으로 삼아 약 5천 년을 이어 오고 있다. 『삼국유사』에 실려 있는 이 글은 그 신화적 사실을 구체적으로 증명하는 것으로, 부인할 수 없다. 이와 같이 나의 뿌리가 어디에 있고 무엇인지 아는 것이 바로 나의 정체성을 결정하는 중요한 요소 가운데 하나이다.

## 보충 자료

단군왕검

- **一然** 일연 | 1206~1289. 慶州(경주) 김씨로 호는 睦庵(목암)이며, 첫 법명은 見明(견명)이었는데 나중에 이를 바꿔서 一然(일연)이라 하였다. 고려시대의 승려이자 학자로, 雲門寺(운문사) 주지로 있으며 왕에게 법을 강론하였다고 전해진다. 저서로는 『삼국유사』 등이 있다.

- **『三國遺事** 삼국유사**』** | 한국 고대 신화와 설화 및 향가를 집대성한 책으로, 고대사 연구에 귀중한 자료이다. 金富軾(김부식)이 편찬한 『三國史記(삼국사기)』와 더불어 현존하는 한국 고대 史籍(사적)의 쌍벽으로서, 『삼국사기』가 여러 史官(사관)에 의하여 이루어진 正史(정사)로 그 체제나 문장이 整齊(정제)된 데 비하여, 『삼국유사』는 일연 혼자서 쓴 이른바 野史(야사)로서 『삼국사기』에서 볼 수 없는 많은 고대 史料(사료)들을 수록하고 있다.

| 鼓 | 腹 | 擊 | 壤 |
|---|---|---|---|
| 고 두드리다 | 복 배 | 격 치다 | 양 땅 |

**겉뜻** 배를 두드리고 땅을 치다.

**속뜻** 백성이 일상의 즐거움을 만끽할 수 있는 태평한 시대.

堯(요)임금은 어느날 자신의 통치에 대한 백성들의 반응이 궁금하여 평상복으로 갈아입고 잠행에 나섰다. 어떤 곳을 지나는데 아이들이 춤을 추며 다음과 같은 노래를 불렀다.

| | |
|---|---|
| 우리 백성을 먹여 살리는 것은 | 立我烝民(입아증민) |
| 당신의 지극한 덕 아님이 없네 | 莫匪爾極(막비이극) |
| 나의 지식 주장하지 않고 | 不識不知(불식부지) |
| 임금님 정한 대로 살아가리라 | 順帝之則(순제지칙) |

동요는 제왕의 善政(선정)을 칭찬하는 것이었지만 아이들이 무얼 알까 싶었던 요임금은 계속 걸어 다음 마을로 갔다. 그곳에서 머리가 하얀 노인이 손으로는 배를 두드리고 발로는 땅을 차며[鼓腹擊壤(고복격양)], 다음과 같은 노래를 흥겹게 부르고 있었다.

| | |
|---|---|
| 해가 나오면 일어나 | 日出而作(일출이작) |
| 해가 들어가면 쉰다네 | 日入而息(일입이식) |
| 밭을 갈아 음식을 먹고 | 耕田而食(경전이식) |
| 우물을 파서 물을 마시니 | 鑿井而飮(착정이음) |
| 제왕의 힘이 나에게 무슨 상관 있으리 | 帝力何有于我哉(제력하유우아재) |

힘없는 백성이 아무 불만 없이 배를 두드리고 발을 구르며 흥겨워하고, 제왕의 힘 따위는 완전히 잊어버리고 있으니 요임금은 정치가 잘 이루어지고 있구나 하고 흐뭇한 마음으로 궁으로 돌아갔다. 이후 고복격양은 태평시대를 대표하는 말로 쓰이게 되었으며, 이때 노인이 부른 노래를 '擊壤歌(격양가)'라고 한다. * 출전 : 「十八史略(십팔사략)」

## 한시 읽기

살수가 넘실넘실 푸른 허공에 출렁일 때

수나라 군사 백만 명이 물고기가 되었네

지금까지 어부와 나무꾼에게 전해지지만

길 가는 나그네에겐 웃음거리가 되질 않네

薩水湯湯漾碧虛
살 수 상 상 양 벽 허

隋兵百萬化爲魚
수 병 백 만 화 위 어

至今留得漁樵話
지 금 류 득 어 초 화

不滿征夫一笑餘
불 만 정 부 일 소 여

* 출전 : 趙浚(조준, 1346~1405), 「安州懷古(안주회고)」

**한자 익히기**

- □ **薩水 살수** 청천강의 옛 이름
- □ **湯 상** 세차게 흐르다
- □ **湯湯 상상** 파도치는 모양
- □ **征夫 정부** 나그네
- □ **漾 양** 출렁거리다
- □ **漁 어** 고기 잡다
- □ **樵 초** 땔나무
- □ **漁樵 어초** 어부와 나무꾼

## 마무리 과제

자신의 履歷書(이력서)를 한자로 작성해 봅시다.

**姓名(성명), 本貫(본관), 本籍(본적), 家族關係(가족관계), 戶主(호주)와의 관계, 學歷(학력) 事項(사항) 등을 한자로 記載(기재)하시오.**

# 한자 쓰기

| 한자 | 음·뜻 | 부수·획수 |
|---|---|---|
| 遣 | 견 보내다 | 책받침(辶)부 [3辶10 총13획] |
| 壇 | 단 단 | 흙토(土)부 [3土13 총16획] |
| 穀 | 곡 곡식 | 벼화(禾)부 [5禾10 총15획] |
| 靈 | 령 신령 | 비우(雨)부 [8雨16 총24획] |
| 艾 | 애 쑥 | 초두머리(艹)부 [4艹2 총6획] |
| 炷 | 주 심지, 자루 | 불화(火)부 [4火5 총9획] |
| 蒜 | 산 마늘 | 초두머리(艹)부 [4艹10 총14획] |
| 枚 | 매 낱, 줄기 | 나무목(木)부 [4木4 총8획] |
| 爾 | 이 너 | 점괘효(爻)부 [4爻10 총14획] |
| 孕 | 잉 아이 배다 | 아들자(子)부 [3子2 총5획] |

| 한자 | 음·뜻 | | | | | |
|---|---|---|---|---|---|---|
| 湯 | 상 세차게 흐르다<br>삼수변(氵)부 [3氵9 총12획] | 湯 | 湯 | | | |
| 丶 丶 氵 氵 沪 沪 沪 浧 浧 湯 湯 湯 | | | | | | |
| 征 | 정 가다<br>두인변(彳)부 [3彳5 총8획] | 征 | 征 | | | |
| ノ ノ 彳 彳 行 行 征 征 | | | | | | |
| 漾 | 양 출렁거리다<br>삼수변(氵)부 [3氵11 총14획] | 漾 | 漾 | | | |
| 丶 丶 氵 氵 氵 浐 浐 浐 浐 洋 洋 漾 漾 漾 | | | | | | |
| 漁 | 어 고기 잡다<br>삼수변(氵)부 [3氵11 총14획] | 漁 | 漁 | | | |
| 丶 丶 氵 氵 氵 氵 沲 渔 渔 渔 渔 漁 漁 漁 | | | | | | |
| 樵 | 초 땔나무<br>나무목(木)부 [4木12 총16획] | 樵 | 樵 | | | |
| 一 十 才 木 木 朴 朴 柞 柞 栫 栫 椎 椎 樵 樵 樵 | | | | | | |

# 제6강 어버이를 친애하다

어버이를 친애하다

○ 공자께서 말씀하셨다. "다섯 가지 형벌에 속하는 죄가 삼천 가지나 되지만, 불효보다 큰 죄는 없다. 임금을 위협하는 사람은 윗사람을 무시하는 것이요, 성인을 비난하는 사람은 법을 무시하는 것이요, 효를 비난하는 사람은 부모를 무시하는 것이니, 이 세 가지는 큰 혼란의 길이다."

○ 老萊子(노래자)는 양친을 효성으로 봉양하였는데, 나이 70세에 아이처럼 장난을 치며 몸에는 오색의 알록달록한 옷을 입었다. 일찍이 물을 떠서 마루에 오르다가 거짓으로 미끄러져 땅에 누워 어린아이처럼 울기도 하였으며, 병아리 새끼를 부모 곁에서 가지고 놀며 부모를 기쁘게 하고자 하였다.

○ 曾子(증자)가 曾晳(증석)을 봉양할 적에, 반드시 술과 고기를 두었다. 치우려 할 때에, 증자는 반드시 "줄 곳이 있으십니까?"라고 물었으며, (증석이) 남은 음식이 있느냐고 물으시면, 반드시 "있습니다."라고 대답하셨다. 증석이 죽자 曾元(증원)이 증자를 봉양하였는데, 반드시 술과 고기를 두었다. 그러나 밥상을 치우려 할 때에 증원은 "줄 곳이 있으십니까?"라고 묻지 않았으며, (증자가) "남은 것이 있느냐?" 하고 물으시면 "없습니다."라고 대답하였으니, 이는 그 음식을 다시 올리려고 해서였다. 이것은 이른바 입과 몸만을 봉양하는 것이니, 증자와 같이 한다면 뜻을 봉양한다고 이를 만하다.

○ 子曰: "五刑之屬三千, 而罪莫大於不孝. 要君
자 왈 오 형 지 속 삼 천 이 죄 막 대 어 불 효 요 군

者無上, 非聖人者無法, 非孝者無親, 此大亂
자 무 상 비 성 인 자 무 법 비 효 자 무 친 차 대 란

之道也."
지 도 야

* 출전 : 『孝經(효경)』

○ 老萊子孝奉二親, 行年七十, 作嬰兒戲, 身著五
노 래 자 효 봉 이 친 행 년 칠 십 작 영 아 희 신 착 오

色斑斕之衣, 嘗取水上堂, 詐跌仆臥地, 爲小兒
색 반 란 지 의 상 취 수 상 당 사 질 부 와 지 위 소 아

啼, 弄雛於親側, 欲親之喜.
제 농 추 어 친 측 욕 친 지 희

* 출전 : 『小學(소학)』

○ 曾子養曾晳, 必有酒肉. 將徹, 必請所與, 問有
증 자 양 증 석 필 유 주 육 장 철 필 청 소 여 문 유

餘, 必曰: "有."
여 필 왈 유

曾晳死, 曾元養曾子, 必有酒肉, 將徹, 不請所
증 석 사 증 원 양 증 자 필 유 주 육 장 철 불 청 소

與, 問有餘曰: "亡矣." 將以復進也. 此所謂養
여 문 유 여 왈 무 의 장 이 부 진 야 차 소 위 양

口體者, 若曾子, 則可謂養志也.
구 체 자 약 증 자 즉 가 위 양 지 야

* 출전 : 『孟子(맹자)』

한자 익히기

- ☐ 親 친 어버이
- ☐ 嬰 영 어린아이
- ☐ 戲 희 놀다
- ☐ 著 착 입다
- ☐ 斑 반 얼룩
- ☐ 斕 란 얼룩지다
- ☐ 弄 롱 가지고 놀다
- ☐ 雛 추 병아리
- ☐ 徹 철 치우다
- ☐ 復 부 다시

어버이를 친애하다

○ 伯兪(백유)가 잘못을 저질러 그의 어머니가 그를 매질하자 흐느껴 울었다. 어머니께서 "전에는 매를 맞고도 네가 운 적이 없었는데, 지금 우는 것은 어째서냐?"라고 하니, 대답하기를 "제가 잘못을 저질러 매를 맞으면 항상 아팠는데, 지금 어머니의 힘이 저를 아프게 하지 못하니, 이런 까닭으로 웁니다."라고 하였다.

○ 冶隱(야은) 吉再(길재)는 아침저녁으로 부모님의 안부를 살피며 밤에 이부자리를 펴고 아침에 정리하는 것을 몸소 스스로 하였다. 그의 아내와 노복이 그것을 대신하고자 하자 공이 말하였다. "어머니께서 늙으셨으니, 훗날에는 비록 어머니를 위하여 이것을 하고자 하여도 할 수 없을 것이다."

○ 사람이 생활을 영위하는 것은 옷과 음식이 큰데, 옷은 누에와 마에서 나오고, 음식은 五穀(오곡)에서 나온다. 누에·마·오곡은 雨露(우로)에서 나오며, 우로는 하늘과 땅에서 이루어진다. 한 가닥의 실과 한 톨의 쌀알은 과연 어디에서 나오는 것인가? 어리석은 백성은 알지 못하여 잠깐 물이 불어나면 하늘을 원망하고, 잠시 가물면 땅을 욕하면서 '하늘이 필시 사람을 죽이려 하는구나.'라고 한다. 비유하자면, 임금이 신하에 있어서 그 몸을 귀하게 여기고 총애하며 그 입을 녹봉을 주어 길러 주지만 한마디라도 혹 실수를 하면 원망과 꾸짖음이 따르는 것과 같고, 부모가 자식에 있어서 낳아서 기르고 은혜를 베풀고 아껴 주지만, 보살펴 주고 길러 줌이 때에 맞지 않으면 절절하게 허물을 돌리는 것과 같다.

○ 伯兪有過, 其母笞之, 泣. 其母曰: "他日笞, 未
백 유 유 과 기 모 태 지 읍 기 모 왈 타 일 태 미
嘗泣, 今泣, 何也?" 對曰: "兪得罪, 笞常痛,
상 읍 금 읍 하 야 대 왈 유 득 죄 태 상 통
今母之力, 不能使痛, 是以泣."
금 모 지 력 불 능 사 통 시 이 읍

* 출전 : 「說苑(설원)」

○ 吉冶隱, 晨昏定省, 披衾斂枕, 躬自爲之. 妻奴
길 야 은 신 혼 정 성 피 금 렴 침 궁 자 위 지 처 노
欲代之, 公曰: "母老矣, 後日雖欲爲母爲此,
욕 대 지 공 왈 모 로 의 후 일 수 욕 위 모 위 차
不可得也."
불 가 득 야

* 출전 : 「下學指南(하학지남)」

○ 人之所以資生者, 衣食爲大, 衣生於桑麻, 食
인 지 소 이 자 생 자 의 식 위 대 의 생 어 상 마 식
生於五穀. 桑麻五穀, 生於雨露, 雨露成於天
생 어 오 곡 상 마 오 곡 생 어 우 로 우 로 성 어 천
地. 一絲一粒, 果何從而生哉? 頑氓不識, 乍
지 일 사 일 립 과 하 종 이 생 재 완 맹 불 식 사
潦則怨天, 暫乾則詈地, 謂'天必欲殲人'. 比
료 즉 원 천 잠 건 즉 리 지 위 천 필 욕 섬 인 비
之, 君之於臣, 貴寵其身, 祿養其口, 一言或
지 군 지 어 신 귀 총 기 신 녹 양 기 구 일 언 혹
失, 怨詈隨之, 父母之於子, 生育恩愛, 而撫養
실 원 리 수 지 부 모 지 어 자 생 육 은 애 이 무 양
不時, 則切切然歸咎.
불 시 즉 절 절 연 귀 구

* 출전 : 「星湖僿說(성호사설)」

한자 익히기

- ☐ 笞 태 매질하다
- ☐ 泣 읍 울다
- ☐ 晨 신 새벽
- ☐ 昏 혼 저녁
- ☐ 披 피 펴다
- ☐ 衾 금 이불
- ☐ 斂 렴 거두다
- ☐ 枕 침 베개
- ☐ 桑 상 뽕나무
- ☐ 麻 마 삼
- ☐ 頑 완 어리석다
- ☐ 氓 맹 백성
- ☐ 乍 사 잠깐
- ☐ 潦 료 큰비
- ☐ 詈 리 욕하다
- ☐ 殲 섬 다 죽이다

어버이를 친애하다

## 부모와 자식 간에는 친함이 있어야 한다

이 다섯 가지 일[五倫(오륜)]은 하늘이 펼쳐 준 모범이고, 고유한 사람의 이치이다. 사람의 행실은 이 다섯 가지에서 벗어나지 않지만, 오직 효도가 모든 행실의 근원이 된다. 이 때문에 효자가 어버이를 섬길 때에는 첫닭이 울면 모두 세수하고 양치질하고, 부모님이 계신 곳으로 가서 기운을 낮추고 목소리를 부드럽게 하여 옷이 더운지 추운지를 여쭈며, 무엇을 잡수시고 마시고 싶은지를 여쭈며, 겨울에는 따뜻하게 해 드리고 여름에는 시원하게 해 드리며, 저녁에는 잠자리를 돌봐 드리고 새벽에는 안부를 여쭌다. 외출할 때는 반드시 아뢰고 돌아와서는 반드시 부모님을 대면하며, 멀리 다니지 않으며 멀리 가면 반드시 일정한 방향을 두어, 감히 자기 몸을 자기 것으로 여기지 않으며, 감히 재물을 자기 것으로 소유하지 않는다.

# 父子有親
부 자 유 친

此五品者, 天敍之典, 而人理之所固有者. 人之
차 오 품 자 천 서 지 전 이 인 리 지 소 고 유 자 인 지

行, 不外乎五者, 而唯孝爲百行之源. 是以, 孝
행 불 외 호 오 자 이 유 효 위 백 행 지 원 시 이 효

子之事親也, 鷄初鳴, 咸盥漱, 適父母之所, 下
자 지 사 친 야 계 초 명 함 관 수 적 부 모 지 소 하

氣怡聲, 問衣燠寒, 問何食飮, 冬溫而夏凊, 昏
기 이 성 문 의 욱 한 문 하 식 음 동 온 이 하 청 혼

定而晨省. 出必告, 反必面, 不遠遊, 遊必有方,
정 이 신 성 출 필 곡 반 필 면 불 원 유 유 필 유 방

不敢有其身, 不敢私其財.
불 감 유 기 신 불 감 사 기 재

＊ 출전 : 「童蒙先習(동몽선습)」

**한자 익히기**

- ☐ **品 품** 물건, 종류
- ☐ **敍 서** 차례
- ☐ **典 전** 법
- ☐ **源 원** 근원
- ☐ **盥 관** 씻다
- ☐ **漱 수** 양치질하다
- ☐ **怡 이** 기쁘다
- ☐ **燠 욱** 따뜻하다
- ☐ **告 곡** 알리다
- ☐ **遊 유** 놀다

## 이해와 감상

부자유친

父子有親(부자유친)은 이천여 년 전 맹자가 말했던, 사람이 가져야 할 다섯 가지 덕목인 五倫(오륜) 가운데 첫 번째 조목이다. 사람의 본성과 사람이 사는 일은 예나 지금이나 그 본질과 근본은 변함이 없다. 『동몽선습』의 '부자유친' 조목은 자식 된 이의 효를 강조한 것으로, 어버이를 섬기고 봉양하는 데 있어 가장 기본으로 삼아야 할 것을 친절하게 설명하고 있다.

## 보충 자료

부자유친

- **『童蒙先習 동몽선습』** | 조선 중기 유학자인 朴世茂(박세무, 1487~1564)가 초학 아동들을 위하여 지은 책이다. 조선시대 아동 교재 중에서 가장 이른 시기에 저술되었고, 初學(초학) 아동들이 『천자문』 다음 단계에서 반드시 학습하였던 대표적인 교재이다. 아울러 민간에서뿐만 아니라, 顯宗(현종) 대 이후 왕실에서 왕세자의 교육용으로도 활용되었다.

| 反 | 哺 | 之 | 孝 |
|---|---|---|---|
| 반 돌이키다 | 포 먹이다 | 지 어조사 | 효 효도 |

걸뜻 어미를 도로 먹여 주는 효성.

속뜻 까마귀처럼 어버이의 은혜에 보답하는 자식의 지극한 효성.

까마귀는 새끼가 어미 품속에서 60일 동안 자라고 나면 자기를 길러 준 어미에게 도로 먹이를 물어다 준다 하여 예로부터 孝鳥(효조)로 알려졌다. 그래서 어미를 도로 먹이는 이 까마귀를 反哺鳥(반포조)라 하고, 인자한 까마귀라는 뜻으로 慈烏(자오)라고도 한다.

晉(진)나라 成公綏(성공수)는 「烏賦(오부)」에서

새끼가 이미 장성해 날 수 있으면 雛旣壯而能飛兮(추기장이능비혜)
먹을 것을 물어다 어미를 도로 먹이네 乃銜食而反哺(내함식이반포)

라고 까마귀에 대해 읊었다.

이처럼 반포지효는 어버이의 은혜에 감사하고 그에 보답하는 자식의 극진한 효성을 뜻하는 말로 쓰인다.

* 출전 : 『拾遺記(습유기)』 한시 읽기

## 한시 읽기

**한자 익히기**

- □ 樹 수 나무
- □ 靜 정 고요하다
- □ 親 친 어버이
- □ 追 추 쫓다

| | |
|---|---|
| 나무는 고요하려 해도 바람이 그치지 않고 | 樹欲靜而風不止<br>수 욕 정 이 풍 부 지 |
| 자식은 봉양하려 해도 어버이가 기다리지 않네 | 子欲養而親不待<br>자 욕 양 이 친 부 대 |
| 지나가면 쫓을 수 없는 것이 세월이고 | 往而不可追者年也<br>왕 이 불 가 추 자 년 야 |
| 떠나가면 볼 수 없는 것이 부모이시네 | 去而不見者親也<br>거 이 불 견 자 친 야 |

＊ 출전 : 「韓詩外傳(한시외전)」

## 마무리 과제

天下(천하) 古今(고금)에 有名(유명)한 孝(효) 이야기를 조사해서 써 봅시다.

# 한자 쓰기

| 한자 | 음·뜻 | 부수·획수 | 따라 쓰기 | 따라 쓰기 |
|---|---|---|---|---|
| 親 | 친 어버이 | 볼견(見)부 [7見9 총16획] | 親 | 親 |
| 嬰 | 영 어린아이 | 여자녀(女)부 [3女14 총17획] | 嬰 | 嬰 |
| 戲 | 희 놀다 | 창과(戈)부 [4戈12 총16획] | 戲 | 戲 |
| 著 | 착 입다 | 초두머리(++)부 [4++9 총13획] | 著 | 著 |
| 斑 | 반 얼룩 | 글월문(文)부 [4文8 총12획] | 斑 | 斑 |
| 爛 | 란 얼룩지다 | 불화(火)부 [4火17 총21획] | 爛 | 爛 |
| 弄 | 롱 가지고 놀다 | 밑스물입(廾)부 [3廾4 총7획] | 弄 | 弄 |
| 雛 | 추 병아리 | 새추(隹)부 [8隹10 총18획] | 雛 | 雛 |
| 徹 | 철 치우다 | 두인변(彳)부 [3彳12 총15획] | 徹 | 徹 |
| 復 | 부 다시 | 두인변(彳)부 [3彳9 총12획] | 復 | 復 |

| 한자 | 음·뜻 | 필순 |
|---|---|---|
| 笞 | 태 매질하다 대죽(竹)부 [6竹5 총11획] | 笞 |
| 泣 | 읍 울다 삼수변(氵)부 [3氵5 총8획] | 泣 |
| 晨 | 신 새벽 날일(日)부 [4日7 총11획] | 晨 |
| 昏 | 혼 저녁 날일(日)부 [4日4 총8획] | 昏 |
| 披 | 피 펴다 재방변(扌)부 [3扌5 총8획] | 披 |
| 衾 | 금 이불 옷의(衣)부 [6衣4 총10획] | 衾 |
| 斂 | 렴 거두다 등글월문(攴)부 [4攵13 총17획] | 斂 |
| 枕 | 침 베개 나무목(木)부 [4木4 총8획] | 枕 |
| 桑 | 상 뽕나무 나무목(木)부 [4木6 총10획] | 桑 |
| 麻 | 마 삼 삼마(麻)부 [11麻0 총11획] | 麻 |

| 한자 | 음·뜻 | | | | | |
|---|---|---|---|---|---|---|
| 頑 | **완** 어리석다<br>머리혈(頁)부 [9頁4 총13획] | 頑 | 頑 | | | |
| 氓 | **맹** 백성<br>각시씨(氏)부 [4氏4 총8획] | 氓 | 氓 | | | |
| 乍 | **사** 잠깐<br>삐침별(丿)부 [1丿4 총5획] | 乍 | 乍 | | | |
| 潦 | **료** 큰비<br>삼수변(氵)부 [3氵12 총15획] | 潦 | 潦 | | | |
| 詈 | **리** 욕하다<br>말씀언(言)부 [7言5 총12획] | 詈 | 詈 | | | |
| 殲 | **섬** 다 죽이다<br>죽을사(歹)부 [4歹17 총21획] | 殲 | 殲 | | | |
| 品 | **품** 물건, 종류<br>입구(口)부 [3口6 총9획] | 品 | 品 | | | |
| 敍 | **서** 차례<br>등글월문(攴)부 [4攴7 총11획] | 敍 | 敍 | | | |
| 典 | **전** 법<br>여덟팔(八)부 [2八6 총8획] | 典 | 典 | | | |
| 源 | **원** 근원<br>삼수변(氵)부 [3氵10 총13획] | 源 | 源 | | | |

| 한자 | 음·뜻 | 부수·획수 |
|---|---|---|
| 盥 | 관 씻다 | 그릇명(皿)부 [5皿11 총16획] |
| 漱 | 수 양치질하다 | 삼수변(氵)부 [3氵11 총14획] |
| 怡 | 이 기쁘다 | 심방변(忄)부 [3忄5 총8획] |
| 燠 | 욱 따뜻하다 | 불화(火)부 [4火13 총17획] |
| 告 | 곡 알리다 | 입구(口)부 [3口4 총7획] |
| 遊 | 유 놀다 | 책받침(辶)부 [3辶9 총12획] |
| 樹 | 수 나무 | 나무목(木)부 [4木12 총16획] |
| 靜 | 정 고요하다 | 푸를청(靑)부 [8靑8 총16획] |
| 親 | 친 어버이 | 볼견(見)부 [7見9 총16획 ] |
| 追 | 추 쫓다 | 책받침(辶)부 [3辶6 총9획] |

# 제7강 사랑과 이별

사랑과 이별

## 머리에 석남 가지를 꽂다

신라 사람 崔伉(최항)의 字(자)는 石南(석남)이다. 사랑하는 첩이 있었으나 부모가 금지하여 몇 달을 만나지 못하다가 항이 갑자기 죽었다. 죽은 지 8일이 지난 후 한밤중에 항이 첩의 집에 갔는데, 첩은 그가 죽은 줄을 모르고서 몹시도 반기며 맞이하였다. 항은 머리에 석남 가지를 꽂고 있다가 그것을 첩에게 나누어 주면서 "부모님이 그대와 함께 사는 것을 허락하였기에 왔다."라고 하였다. 그러고는 드디어 첩과 함께 그의 집으로 돌아와 담장을 넘어 들어갔다. 밤이 새도록 오랫동안 소식이 없었는데 집안사람들이 나와 보고서 온 까닭을 묻자 첩이 자세히 설명하였다. 집안사람들이 말하기를 "항이 죽은 지 8일이 지나 오늘 장례를 지내려 하는데 어찌 괴상한 말을 하는가?"라고 하였다. 첩은 "낭군이 나와 석남 가지를 나누어 꽂았으니, 이것으로 확인할 수 있습니다."라고 하였다. 이에 관을 열어 보니 시체의 머리에 석남 가지가 꽂혀 있었고, 옷은 이슬에 젖어 있었으며, 신은 이미 닳아 있었다. 첩이 그가 죽은 것을 알고서 통곡하며 죽으려고 하던 그때, 항이 다시 살아나 30년을 함께 살다가 죽었다.

# 首 插 石 枏
수 삽 석 남

新羅崔伉字石南. 有愛妾, 父母禁之, 不得見數
신 라 최 항 자 석 남 유 애 첩 부 모 금 지 부 득 견 수

月, 伉暴死. 經八日, 夜中伉往妾家, 妾不知其
월 항 폭 사 경 팔 일 야 중 항 왕 첩 가 첩 부 지 기

死也, 顚喜迎接. 伉首插石枏枝, 分與妾曰: “父
사 야 전 희 영 접 항 수 삽 석 남 지 분 여 첩 왈 부

母許與汝同居, 故來耳.” 遂與妾還到其家, 伉踰
모 허 여 여 동 거 고 래 이 수 여 첩 환 도 기 가 항 유

垣而入. 夜將曉, 久無消息. 家人出見之, 問來
원 이 입 야 장 효 구 무 소 식 가 인 출 견 지 문 래

由, 妾具說. 家人曰: “伉死八日, 今日欲葬, 何
유 첩 구 설 가 인 왈 항 사 팔 일 금 일 욕 장 하

說怪事?” 妾曰: “良人與我分插石枏枝, 可以此
설 괴 사 첩 왈 양 인 여 아 분 삽 석 남 지 가 이 차

爲驗.” 於是, 開棺視之, 屍首插石枏, 露濕衣裳,
위 험 어 시 개 관 시 지 시 수 삽 석 남 로 습 의 상

履已穿矣. 妾知其死, 痛哭欲絶, 伉乃還蘇, 偕
리 이 천 의 첩 지 기 사 통 곡 욕 절 항 내 환 소 해

老三十年而終.
로 삼 십 년 이 종

＊ 출전 : 權文海(권문해), 『大東韻府群玉(대동운부군옥)』

**한자 익히기**

- □ 伉 항 짝
- □ 暴 포 갑자기
- □ 顚 전 넘어지다
- □ 枏 남 녹나무
- □ 踰 유 밟다
- □ 垣 원 담
- □ 葬 장 장사 지내다
- □ 良人 양인 남편
- □ 插 삽 꽂다
- □ 棺 관 널
- □ 屍 시 주검
- □ 履 리 밟다
- □ 穿 천 뚫다
- □ 蘇 소 소생하다

## 이해와 감상

수삽석남

〈首揷石枏(수삽석남)〉은 석남 가지를 꽂아 주며 사랑을 약속했던 애첩과 신분 차이로 사랑을 이루지 못한 최항이 죽은 뒤 환생하여 결국 사랑을 이룬다는 내용의 神異談(신이담)이다. 즉 석남 가지를 매개로 한 시공을 초월한 사랑, 현실 세계와 비현실 세계를 넘나드는 아름다운 사랑 이야기이다. 최항은 부모의 반대로 사랑하는 사람을 만나지 못하자 그리움을 못 이겨 죽음에 이르고, 죽어서도 잊지 못해 영혼이 그 사랑을 찾아가 함께 집으로 돌아갔다. 뒤늦게 최항의 죽음을 알게 된 첩이 자결하려고 하자 최항이 다시 살아나 30년을 함께 살다 죽었다. 이생에서 이루지 못한 사랑을 죽어서라도 이루고 싶은 간절한 소망을 담고 있는데, 오늘날 우리는 사람의 마음과 사랑을 너무 가볍게 여기는 것은 아닐까.

## 보충 자료

수삽석남

- **權文海** 권문해 ı 1534(중종 29)~1591(선조 24). 자는 灝元(호원), 호는 草澗(초간)이다. 저서로는 『초간집』과 『大東韻府群玉(대동운부군옥)』이 있다. 예천 鳳山書院(봉산서원)에 제향되었다.

- **『大東韻府群玉** 대동운부군옥**』** ı 우리나라 古今(고금)의 文籍(문적)을 널리 참고하여 단군시대부터 편찬 당시까지의 지리·역사·인물·문학·식물·동물 등을 총망라하여 韻別(운별)로 분류한 일종의 백과전서이다. 1589년(선조 22)에 20권 20책으로 편찬되었다. 이 책은 임진왜란 이후 소실된 서적의 일면을 참고할 수 있어 서지학적으로 중요한 가치를 지닌다.

| 破 | 鏡 |
|---|---|
| 파 깨뜨리다 | 경 거울 |

걸뜻 깨진 거울.

속뜻 사이가 되돌릴 수 없이 멀어지다.

흔히 남녀의 이별이나 회복할 수 없는 관계를 뜻하는 말인 '破鏡(파경)'에는 다음과 같은 고사가 얽혀 있다.

중국 南朝(남조)시대 때 陳(진)나라가 隋(수)나라에 의해 위태로워지자 太子舍人(태자사인) 徐德言(서덕언)은 그의 부인과 헤어지게 될 것을 예상하고는 銅鏡(동경)을 절반으로 쪼개어 각각 하나씩 가지고 있다가 다시 만날 때 증표로 삼기로 하였다. 이윽고 수나라에 의해 진나라가 멸망하고 서덕언의 아내는 적에게 붙잡혀 가서 樂昌公主(낙창공주)에 봉해져 수나라 文帝(문제)의 오른팔인 越國公(월국공) 楊素(양소)의 집에 들어갔다. 서덕언은 죽을 고비를 넘기고 겨우 살아나 부인과 약속한 해 정월 보름날 시장으로 가서 우여곡절 끝에 극적으로 아내와 조우하게 되었다.

이후 '分鏡(분경)' 또는 '樂昌分鏡(낙창분경)'이라는 말은 사랑하는 남녀의 이별을 뜻하는 말로, '破鏡重圓(파경중원)'이라는 말은 이별한 남녀의 재회를 뜻하는 말로 쓰이게 되었다.

* 출전 : 『太平廣記(태평광기)』「義氣(의기)」

## 한시 읽기

| | |
|---|---|
| 그리고 만나는 길 꿈속밖에 없으니 | 相思相見只憑夢<br>상 사 상 견 지 빙 몽 |
| 내가 찾아나서는 기쁜 때에<br>그대도 나를 찾아 주오 | 儂訪歡時歡訪儂<br>농 방 환 시 환 방 농 |
| 바라노니 아득히 먼 훗날 밤 꿈에 | 願使遙遙他夜夢<br>원 사 요 요 타 야 몽 |
| 동시에 같이 일어나 길에서 만날 수 있기를 | 一時同作路中逢<br>일 시 동 작 로 중 봉 |

* 출전 : 黃眞伊(황진이), 「相思夢(상사몽)」

한자 익히기

- □ 憑 빙 기대다
- □ 儂 농 나
- □ 訪 방 찾다
- □ 遙 요 멀다
- □ 逢 봉 만나다

## 마무리 과제

사랑하는 이에게 들려주고 싶은 詩(시)를 찾아 적어 봅시다.

# 한자 쓰기

| 한자 | 음·뜻 | 부수·획수 | 따라 쓰기 | 따라 쓰기 |
|---|---|---|---|---|
| 伉 | 항 짝 | 사람인변(亻)부 [2亻4 총6획] | 伉 | 伉 |
| 暴 | 포 갑자기 | 날일(日)부 [4日11 총15획] | 暴 | 暴 |
| 顚 | 전 넘어지다 | 머리혈(頁)부 [9頁10 총19획] | 顚 | 顚 |
| 枏 | 남 녹나무 | 나무목(木)부 [4木4 총8획] | 枏 | 枏 |
| 踰 | 유 밟다 | 발족(⻊)부 [7⻊9 총16획] | 踰 | 踰 |
| 垣 | 원 담 | 흙토(土)부 [3土6 총9획] | 垣 | 垣 |
| 葬 | 장 장사 지내다 | 초두머리(艹)부 [4艹9 총13획] | 葬 | 葬 |
| 插 | 삽 꽂다 | 재방변(扌)부 [3扌9 총12획] | 插 | 插 |
| 棺 | 관 널 | 나무목(木)부 [4木8 총12획] | 棺 | 棺 |
| 屍 | 시 주검 | 주검시(尸)부 [3尸6 총9획] | 屍 | 屍 |

| 한자 | 훈음 | 따라 쓰기 | |
|---|---|---|---|
| 履 | **리** 밟다<br>주검시(尸)부 [3尸12 총15획] | 履 | 履 |
| 穿 | **천** 뚫다<br>구멍혈(穴)부 [5穴4 총9획] | 穿 | 穿 |
| 蘇 | **소** 소생하다<br>초두머리(艹)부<br>[4艹16 총20획] | 蘇 | 蘇 |
| 憑 | **빙** 기대다<br>마음심(心)부 [4心12 총16획] | 憑 | 憑 |
| 儂 | **농** 나<br>사람인변(亻)부 [2亻13 총15획] | 儂 | 儂 |
| 訪 | **방** 찾다<br>말씀언(言)부 [7言4 총11획] | 訪 | 訪 |
| 遙 | **요** 멀다<br>책받침(辶)부 [3辶10 총13획] | 遙 | 遙 |
| 逢 | **봉** 만나다<br>책받침(辶)부 [3辶7 총10획] | 逢 | 逢 |

# 제8강 사귐의 기술

사귐의 기술

○ 자공이 交友(교우)에 대해서 묻자, 공자께서 말씀하셨다. "충심으로 말해 주고 잘 인도하되 불가능하면 그만두어서 스스로 욕되지 않게 하여야 한다."

○ 공자께서 말씀하셨다. "유익한 벗이 세 가지이고 손해되는 벗이 세 가지이니, 정직한 이를 벗 삼으며 성실한 이를 벗 삼으며 見聞(견문)이 많은 이를 벗 삼으면 유익하고, 한쪽(외모)만 잘하는 이를 벗 삼으며 유순하기를 잘하는 이를 벗 삼으며 말을 잘하는 이를 벗 삼으면 손해된다."

○ 만장이 물었다. "감히 벗에 대해서 묻습니다." 맹자께서 말씀하셨다. "나이가 많음을 믿지 않고, 귀함을 믿지 않고, 형제간을 믿지 않고 벗하는 것이니, 벗함은 그 덕을 벗하는 것이기에, 믿는 바가 있어서는 안 된다."

○ 나보다 훌륭한 사람은 우러러 사모하고 나와 동일한 사람은 아껴 주어 교제하면서 서로 격려하고 나만 못한 사람은 딱하게 여겨 가르쳐 준다면, 천하가 태평하게 될 것이다.

○ 子貢問友, 子曰: "忠告而善道之, 不可則止, 毋
자공문우 자왈 충고이선도지 불가즉지 무

自辱焉."
자욕언

* 출전 : 『論語(논어)』

○ 孔子曰: "益者三友, 損者三友, 友直, 友諒, 友
공자왈 익자삼우 손자삼우 우직 우량 우

多聞, 益矣, 友便辟, 友善柔, 友便佞, 損矣."
다문 익의 우편벽 우선유 우편녕 손의

* 출전 : 『論語(논어)』

○ 萬章問曰: "敢問友" 孟子曰: "不挾長, 不挾貴, 不
만장문왈 감문우 맹자왈 불협장 불협귀 불

挾兄弟而友, 友也者, 友其德也, 不可以有挾也."
협형제이우 우야자 우기덕야 불가이유협야

* 출전 : 『孟子(맹자)』

○ 勝於我者, 仰而慕之, 與我同者, 愛而交相勖,
승어아자 앙이모지 여아동자 애이교상욱

不及於我者, 憐而敎之, 天下當太平矣.
불급어아자 련이교지 천하당태평의

* 출전 : 『白沙集(백사집)』

**한자 익히기**

- □ **道** 도 인도하다[導]
- □ **毋** 무 말다
- □ **諒** 량 성실하다
- □ **便** 편 잘하다
- □ **辟** 벽 편벽되다
- □ **佞** 녕 아첨하다
- □ **挾** 협 믿다
- □ **仰** 앙 우러르다
- □ **慕** 모 사모하다
- □ **勖** 욱 힘쓰다
- □ **憐** 련 불쌍해하다

○ 옛날에 벗을 말함에 혹 제2의 나라고도 하였고, 혹 주선해 주는 사람이라고도 하였다. 이런 까닭으로 글자를 만드는 이가 '羽[깃 우]' 자를 빌려 '朋[벗 붕]' 자를 만들었고, '手[손 수]' 자를 깍지 낀 것과 같이 하여 '友[벗 우]' 자를 만들었으니, 새에게 양 날개가 있고 사람에게 양 손이 있는것과 같음을 말한다.

○ 道(도)를 전하고 의혹을 풀어 주는 것은 비록 스승에게 있을지라도, 서로 갈고 닦아 仁(인)을 돕는 것은 실로 朋友(붕우)에 힘입는 것이다. 배우는 자는 반드시 忠信(충신)하고 孝悌(효제)하며 剛直(강직) 方正(방정)하고 敦篤(돈독)한 선비를 골라서, 그런 사람과 더불어 교제하기를 정하여 서로 실수를 경계하고 서로 善(선)하도록 권하며, 학문과 덕행을 갈고 닦아서 붕우의 윤리를 다할 것이다. 만약 마음을 세움이 독실하지 못하고 몸을 단속함이 엄하지 못하여 떠돌아다니면서 놀기를 좋아하며 말만 숭상하고 기개만 숭상하는 자는 모두 더불어 사귈 수 없는 자이다.

○ 古之言朋友者, 或稱第二吾, 或稱周旋人. 是
고 지 언 붕 우 자 혹 칭 제 이 오 혹 칭 주 선 인 시

故, 造字者, 羽借爲朋, 手叉爲友, 言若鳥之兩
고 조 자 자 우 차 위 붕 수 차 위 우 언 약 조 지 량

羽, 而人之有兩手也.
우 이 인 지 유 양 수 야

* 출전 : 『燕巖集(연암집)』

○ 傳道解惑, 雖在於師, 而麗澤輔仁, 實賴朋友.
전 도 해 혹 수 재 어 사 이 리 택 보 인 실 뢰 붕 우

學者, 必須擇忠信孝悌剛方敦篤之士, 與之定
학 자 필 수 택 충 신 효 제 강 방 돈 독 지 사 여 지 정

交, 相箴以失, 相責以善, 切磋琢磨, 以盡朋友
교 상 잠 이 실 상 책 이 선 절 차 탁 마 이 진 붕 우

之倫. 若立心不篤, 檢束不嚴, 浮浪嬉遊, 尙言
지 륜 약 립 심 부 독 검 속 불 엄 부 랑 희 유 상 언

尙氣者, 皆不正與之交也.
상 기 자 개 부 정 여 지 교 야

* 출전 : 『栗谷全書(율곡전서)』

**한자 익히기**

- □ **周 주** 두루
- □ **旋 선** 돌다
- □ **叉 차** 깍지 끼다
- □ **麗 리** 잇닿다
- □ **麗澤 이택** 인접한 두 못이 서로 물을 윤택하게 함, 벗이 서로 도와 학문과 덕을 닦음.
- □ **賴 뢰** 힘입다
- □ **剛 강** 굳세다
- □ **敦 돈** 도탑다
- □ **篤 독** 도탑다
- □ **箴 잠** 경계하다
- □ **磋 차** 갈다
- □ **琢 탁** 쪼다
- □ **磨 마** 갈다

○ 착한 사람과 같이 살면 향기로운 지초와 난초가 있는 방 안에 들어간 것과 같아서 오래되면 그 향기를 맡지 못하나 곧 그 향기와 동화되고, 착하지 않은 사람과 같이 있으면 생선 가게에 들어간 것과 같아서 오래되면 그 악취를 맡지 못하나 또한 그 악취와 동화된다.

○ 자신을 펴고 남을 굽히는 자는 자신도 끝내 굽히게 될 뿐이며, 자신을 굽히고 남을 펴는 자는 자신도 끝내 펴지게 될 뿐이다.

○ 재물을 쓰는 방법은 한마디로 말할 수 있다. 삼가고 청렴하면 자신은 항상 넉넉하고 남에게 원망이 없으며, 인색하고 탐욕스러우면 자신은 항상 수고롭고 남에게 항상 원망을 듣는다.

○ 사람들이 비록 나를 업신여겨도 내가 능히 받아 주고 답해 주면 업신여기던 자들이 공손해지고, 사람들이 비록 나를 가볍게 여겨도 내가 능히 받아 주고 대우해 주면 가볍게 여기던 자들이 돈후해지고, 사람들이 비록 나를 화나게 해도 내가 능히 참고 삼가서 말하면 사람들이 반드시 복종한다.

○ 與善人居, 如入芝蘭之室, 久以不聞其香, 卽與
여 선 인 거 여 입 지 란 지 실 구 이 불 문 기 향 즉 여

之化矣. 與不善人居, 如入鮑魚之肆, 久而不聞其
지 화 의 여 불 선 인 거 여 입 포 어 지 사 구 이 불 문 기

臭, 亦與之化矣.
취 역 여 지 화 의

＊ 출전 : 「孔子家語(공자가어)」

○ 伸己而屈人者, 己終屈也已矣, 屈己而伸人者,
신 기 이 굴 인 자 기 종 굴 야 이 의 굴 기 이 신 인 자

己終伸也已矣.
기 종 신 야 이 의

＊ 출전 : 「毅菴集(의암집)」

○ 用財之道, 可一言而盡也. 勤而廉, 在己常裕, 在
용 재 지 도 가 일 언 이 진 야 근 이 렴 재 기 상 유 재

人無怨, 吝而貪, 在己恒勞, 在人恒怨.
인 무 원 린 이 탐 재 기 항 로 재 인 항 원

＊ 출전 : 「華西集(화서집)」

○ 人雖慢我, 我能容而答之, 則慢者恭. 人雖薄
인 수 만 아 아 능 용 이 답 지 즉 만 자 공 인 수 박

我, 我能容而待之, 則薄者厚, 人雖怒我, 我
아 아 능 용 이 대 지 즉 박 자 후 인 수 노 아 아

能容忍而愼言, 則人必服.
능 용 인 이 신 언 즉 인 필 복

＊ 출전 : 「敬菴集(경암집)」

한자 익히기

- □ 鮑 포 절인 어물
- □ 肆 사 가게
- □ 臭 취 냄새
- □ 伸 신 펴다
- □ 屈 굴 굽히다
- □ 廉 렴 청렴하다
- □ 裕 유 넉넉하다
- □ 吝 린 아끼다
- □ 恒 항 항상
- □ 慢 만 업신여기다
- □ 薄 박 깔보다

사귐의 기술

## 목숨보다 귀한 우정

회견을 마치고 돌아와서 (조나라 왕이) 相如(상여)의 공로를 크게 치하하고 上卿(상경)으로 임명하여 상여의 지위가 廉頗(염파)보다 높아졌다. 염파가 말하길 "나는 趙(조)나라 장군이 되어 성을 공격하고 들에서 적과 싸운 큰 공이 있다. 藺相如(인상여)는 겨우 입과 혀로 공로를 세웠지만 지위가 나보다 높으며, 또 인상여는 본래 미천한 출신이니 나는 부끄러워서 차마 그 밑에 있을 수 없다." 라고 하고는, 다짐하며 말하였다.

"내가 상여를 만나면 반드시 모욕을 주리라."

상여는 이 말을 듣고서 염파와 마주치지 않으려 하였으며, 상여는 조회가 있을 때마다 늘 병을 핑계 삼아 염파와 서열을 다투려 하지 않았다. 얼마 후 상여가 외출할 때 멀리 염파가 보이면 상여는 수레를 끌어 숨어 버리기도 했다.

이에 舍人(사인)들이 상여에게 諫(간)하였다.

"저희가 친척을 떠나와서 그대를 섬기는 까닭은 오직 그대의 높은 뜻을 사모하기 때문입니다. 지금 그대는 염파와 같은 서열에 계시는데, 염파가 나쁜 말을 퍼뜨리고 다니는데도 그대는 두려워 피하시며 지나치게 겁을 내십니다. 이것은 또한 평범한 사람들도 오히려 부끄러워하는 일인데, 하물며 장군이나 재상임에랴? 못난 저희는 이만 물러갈까 합니다."

# 刎頸之交
문 경 지 교

旣罷歸國, 以相如功大, 拜爲上卿, 位在廉頗之
기 파 귀 국 이 상 여 공 대 배 위 상 경 위 재 렴 파 지
右. 廉頗曰: "我爲趙將, 有攻城野戰之大功, 而
우 렴 파 왈 아 위 조 장 유 공 성 야 전 지 대 공 이
藺相如徒以口舌爲勞, 而位居我上, 且相如素賤
린 상 여 도 이 구 설 위 로 이 위 거 아 상 차 상 여 소 천
人, 吾羞不忍爲之下." 宣言曰: "我見相如, 必
인 오 수 불 인 위 지 하 선 언 왈 아 견 상 여 필
辱之." 相如聞, 不肯與會, 相如每朝時, 常稱病,
욕 지 상 여 문 불 긍 여 회 상 여 매 조 시 상 칭 병
不欲與廉頗爭列. 已而, 相如出, 望見廉頗, 相
불 욕 여 렴 파 쟁 렬 이 이 상 여 출 망 견 렴 파 상
如引車避匿. 於是, 舍人相如諫曰: "臣所以去親
여 인 차 피 닉 어 시 사 인 상 여 간 왈 신 소 이 거 친
戚事君者, 徒慕君之高義也. 今君與廉頗同列,
척 사 군 자 도 모 군 지 고 의 야 금 군 여 렴 파 동 렬
廉君宣惡言, 而君畏匿, 恐懼殊甚. 且庸人尙羞
렴 군 선 악 언 이 군 외 닉 공 구 수 심 차 용 인 상 수
之, 況於將相乎? 臣等不肖請辭去."
지 황 어 장 상 호 신 등 불 초 청 사 거

한자 익히기

- ☐ 刎 문 목 베다
- ☐ 頸 경 목
- ☐ 罷 파 마치다
- ☐ 羞 수 부끄러워하다
- ☐ 匿 닉 숨다
- ☐ 諫 간 간하다
- ☐ 懼 구 두려워하다
- ☐ 殊 수 매우

인상여는 그들을 완강하게 말리며 말했다.

"그대들이 보기에 염 장군과 진나라 왕 가운데 누가 더 무섭소?"

사인들이 말했다.

"염 장군이 진나라 왕에 못 미칩니다."

상여가 말했다.

"저 진나라 왕의 위세에도 불구하고 나는 궁정에서 그를 꾸짖고 그 신하들을 부끄럽게 만들었소. 내가 아무리 어리석기로 유독 염 장군을 겁내겠소? 내가 곰곰히 생각해 보건대 강한 진나라가 감히 조나라를 치지 못하는 까닭은 다만 나와 염파 두 사람이 있기 때문이오. 만일 지금 호랑이 두 마리가 함께 싸우면 형세상 결국은 둘 다 살지 못할 것이오. 내가 이런 행동을 하는 까닭은 나라의 위급함을 우선시하고 사사로운 원망을 뒤로하기 때문이오."

염파가 이 말을 듣고, 웃옷을 벗고 가시 채찍을 등에 짊어지고, 빈객으로서 인상여의 문 앞에 이르러 사죄하며 말했다.

"비천한 저는 장군의 너그러움이 이 정도인 줄 몰랐습니다."

마침내 상여가 기뻐하며  죽음을 같이하기로 한 벗이 되었다.

藺相固止之曰: "公之視, 廉將軍孰與秦王?" 曰:
인 상 고 지 지 왈 공 지 시 렴 장 군 숙 여 진 왕 왈

"不若也." 相如曰: "夫以秦王之威, 而相如廷叱
불 약 야 상 여 왈 부 이 진 왕 지 위 이 상 여 정 질

之, 辱其群臣. 相如雖駑, 獨畏廉將哉? 顧吾念
지 욕 기 군 신 상 여 수 노 독 외 렴 장 재 고 오 념

之, 彊秦之所以不敢加兵於趙者, 徒以吾兩人在
지 강 진 지 소 이 불 감 가 병 어 조 자 도 이 오 량 인 재

也. 今虎共鬪, 其勢不俱生. 吾所以爲此者, 以
야 금 호 공 투 기 세 불 구 생 오 소 이 위 차 자 이

先國家之急而後私讐也." 頗聞之, 肉袒負荊, 因
선 국 가 지 급 이 후 사 수 야 파 문 지 육 단 부 형 인

賓客至藺相如門謝罪曰: "鄙賤之人, 不知將軍
빈 객 지 린 상 여 문 사 죄 왈 비 천 지 인 부 지 장 군

寬之至此也." 卒相如驩, 爲刎頸之交.
관 지 지 차 야 졸 상 여 환 위 문 경 지 교

* 출전 : 『史記(사기)』「廉頗藺相如列傳(염파인상여열전)」

한자 익히기

- □ 駑 노 둔하다
- □ 彊 강 굳세다
- □ 鄙 비 천하다
- □ 寬 관 너그럽다
- □ 驩 환 기뻐하다

## 이해와 감상

문경지교

어릴 때부터 대나무 말을 타고 놀며 우의를 다져 온 벗이 있다. 어른이 되어 사회에 기여하고 세상을 떠날 때까지 우리는 수많은 벗을 사귄다. 남녀노소를 불문하고 그 벗들 가운데 서로가 곤경에 처했을 때 나를 위해 혹은 내가 벗을 위해 목숨과 바꿀 만한 진정한 의리를 실천할 수 있을까.

## 보충 자료

문경지교

- **『史記 사기』** | 중국 前漢(전한)의 司馬遷(사마천)이 상고시대의 五帝(오제)부터 漢 武帝(한무제) 태초 연간(기원전 104~기원전 101)의 중국과 그 주변 민족의 역사를 포괄하여 저술한 通史(통사)이다. 역대 중국 正史(정사)의 모범이 된 紀傳體(기전체)의 효시로, 제왕의 연대기인 本紀(본기) 12편, 제후왕을 중심으로 한 世家(세가) 30편, 역대 제도 문물의 연혁에 관한 書(서) 8편, 연표인 表(표) 10편, 시대를 상징하는 뛰어난 개인의 활동을 다룬 전기 列傳(열전) 70편 등 총 130편으로 구성되어 있다.

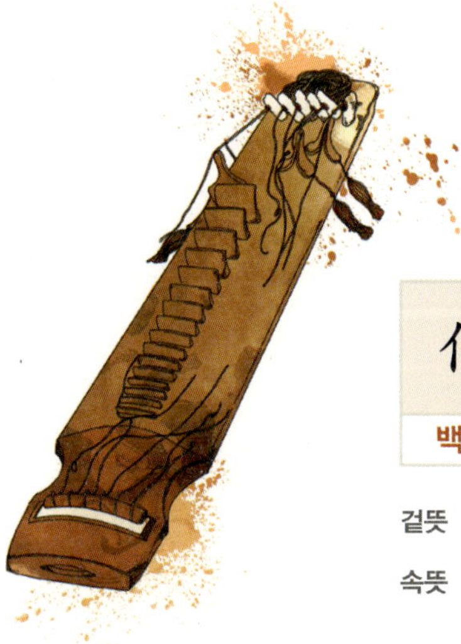

| 伯 | 牙 | 絶 | 絃 |
|---|---|---|---|
| 백 맏 | 아 어금니 | 절 끊다 | 현 줄 |

**겉뜻** 백아가 거문고 줄을 끊다.

**속뜻** 절친한 벗을 잃은 처절한 슬픔.

중국 春秋(춘추)시대에 伯牙(백아)가 거문고를 잘 탔는데, 그의 벗 鍾子期(종자기)가 그의 연주를 잘 이해하였다. 백아가 높은 산을 염두에 두고 거문고를 타면 종자기가 "높디높기가 마치 태산과 같구나![峨峨兮若泰山(아아혜약태산)]"라고 하고, 또 흐르는 물을 염두에 두고 연주를 하면 "넓디넓기가 마치 강하와 같구나![洋洋兮若江河(양양혜약강하)]"라고 하였다. 그러던 어느 날 종자기는 백아를 남겨 두고 먼저 세상을 떠났고, 백아는 종자기가 없으면 자신의 거문고 소리를 제대로 들을 사람이 없다고 하면서 줄을 모두 끊고 다시는 거문고를 타지 않았다고 한다. 종자기와의 음악적 교감이 백아에겐 절대적인 의미였기에, 종자기의 죽음이 그만큼 더 절망적이었던 것이다.

이 고사에 바탕하여, 서로의 마음을 훤히 아는 소중한 벗을 잃은 슬픔을 伯牙絶絃(백아절현)이라고 하며, 또 연주하는 소리를 정확히 이해하는 두 벗의 관계를 知音(지음)이라고 하게 되었다.

＊ 출전 : 『列子(열자)』「湯問(탕문)」

## 한시 읽기

| | |
|---|---|
| 집의 앞뒤로 모두 봄빛 물 흐르는데 | 舍南舍北皆春水<br>사 남 사 북 개 춘 수 |
| 날마다 찾아오는 건 갈매기 떼뿐 | 但見群鷗日日來<br>단 견 군 구 일 일 래 |
| 꽃길을 손님 맞느라 쓸어 본 적 없었더니 | 花徑不曾緣客掃<br>화 경 부 증 연 객 소 |
| 사립문 오늘에서야 그대를 위해 열었네 | 蓬門今始爲君開<br>봉 문 금 시 위 군 개 |
| 장터가 먼 탓에 소반의 저녁밥은 맛이 없고 | 盤飧市遠無兼味<br>반 손 시 원 무 겸 미 |
| 집이 가난하여 술통의 술은 묵은 지게미 술뿐 | 樽酒家貧只舊醅<br>준 주 가 빈 지 구 배 |
| 기꺼이 이웃집 늙은이와 마주하여 마셔 준다면 | 肯與隣翁相對飮<br>긍 여 린 옹 상 대 음 |
| 울타리 너머로 불러 와서 남은 술 비우리라 | 隔籬呼取盡餘杯<br>격 리 호 취 진 여 배 |

* 출전 : 杜甫(두보, 712~770), 「客至(객지)」

**한자 익히기**

- ☐ 舍 사 집
- ☐ 鷗 구 갈매기
- ☐ 徑 경 지름길
- ☐ 醅 배 거르지 않은 술
- ☐ 蓬 봉 쑥
- ☐ 蓬門 봉문 쑥대 문, 가난한 집
- ☐ 盤 반 소반
- ☐ 飧 손 저녁밥
- ☐ 樽 준 술통
- ☐ 隣 린 이웃
- ☐ 籬 리 울타리
- ☐ 杯 배 잔

## 마무리 과제

가장 소중한 인연을 맺은 친구에게 자신의 마음과 앞으로의 당부를 담아 편지를 써 봅시다.

# 한자 쓰기

| 한자 | 음·뜻 | 부수·획수 | 따라 쓰기 | 따라 쓰기 |
|---|---|---|---|---|
| 道 | 도 인도하다[導] | 책받침(辶)부 [3辶9 총12획] | 道 | 道 |
| 毋 | 무 말다 | 말무(毋)부 [4毋0 총4획] | 毋 | 毋 |
| 諒 | 량 성실하다 | 말씀언(言)부 [7言8 총15획] | 諒 | 諒 |
| 便 | 편 잘하다 | 사람인변(亻)부 [2亻7 총9획] | 便 | 便 |
| 辟 | 벽 편벽되다 | 매울신(辛)부 [7辛6 총13획] | 辟 | 辟 |
| 佞 | 녕 아첨하다 | 사람인변(亻)부 [2亻5 총7획] | 佞 | 佞 |
| 挾 | 협 믿다 | 재방변(扌)부 [3扌7 총10획] | 挾 | 挾 |
| 仰 | 앙 우러르다 | 사람인변(亻)부 [2亻4 총6획] | 仰 | 仰 |
| 慕 | 모 사모하다 | 마음심밑(⺗)부 [4⺗11 총15획] | 慕 | 慕 |
| 勖 | 욱 힘쓰다 | 힘력(力)부 [2力9 총11획] | 勖 | 勖 |

| 한자 | 음 | 뜻 | 부수 및 획수 |
|---|---|---|---|
| 憐 | 련 | 불쌍해하다 | 심방변(忄)부 [3忄12 총15획] |
| 周 | 주 | 두루 | 입구(口)부 [3口5 총8획] |
| 旋 | 선 | 돌다 | 모방(方)부 [4方7 총11획] |
| 叉 | 차 | 깍지 끼다 | 또우(又)부 [2又1 총3획] |
| 麗 | 리 | 잇닿다 | 사슴록(鹿)부 [11鹿8 총19획] |
| 賴 | 뢰 | 힘입다 | 조개패(貝)부 [7貝9 총16획] |
| 剛 | 강 | 굳세다 | 칼도(刀)부 [2刂8 총10획] |
| 敦 | 돈 | 도탑다 | 등글월문(攴)부 [4攵8 총12획] |
| 篤 | 독 | 도탑다 | 대죽(竹)부 [6竹10 총16획] |
| 箴 | 잠 | 경계하다 | 대죽(竹)부 [6竹9 총15획] |

| 한자 | 음·뜻 | | |
|---|---|---|---|
| 磋 | **차** 갈다<br>돌석(石)부 [5石10 총15획] | 磋 | 磋 |
| 琢 | **탁** 쪼다<br>구슬옥(玉)부 [4玉8 총12획] | 琢 | 琢 |
| 磨 | **마** 갈다<br>돌석(石)부 [5石11 총16획] | 磨 | 磨 |
| 鮑 | **포** 절인 어물<br>물고기어(魚)부 [11魚5 총16획] | 鮑 | 鮑 |
| 肆 | **사** 가게<br>붓율(聿)부 [6聿7 총13획] | 肆 | 肆 |
| 臭 | **취** 냄새<br>스스로자(自)부 [6自4 총10획] | 臭 | 臭 |
| 伸 | **신** 펴다<br>사람인변(亻)부 [2亻5 총7획] | 伸 | 伸 |
| 屈 | **굴** 굽히다<br>주검시(尸)부 [3尸5 총8획] | 屈 | 屈 |
| 廉 | **렴** 청렴하다<br>엄호(广)부 [3广10 총13획] | 廉 | 廉 |
| 裕 | **유** 넉넉하다<br>옷의(衣)부 [5衤7 총12획] | 裕 | 裕 |

| 한자 | 음·뜻 | 부수·획수 | 따라 쓰기 | |
|---|---|---|---|---|
| 吝 | **린** 아끼다 | 입구(口)부 [3口4 총7획] | 吝 | 吝 |
| 恒 | **항** 항상 | 심방변(忄)부 [3忄6 총9획] | 恒 | 恒 |
| 慢 | **만** 업신여기다 | 심방변(忄)부 [3忄11 총14획] | 慢 | 慢 |
| 薄 | **박** 깔보다 | 초두머리(艹)부 [4艹13 총17획] | 薄 | 薄 |
| 刎 | **문** 목 베다 | 칼도(刀)부 [2刂4 총6획] | 刎 | 刎 |
| 頸 | **경** 목 | 머리혈(頁)부 [9頁7 총16획] | 頸 | 頸 |
| 罷 | **파** 마치다 | 그물망(网)부 [5罒10 총15획] | 罷 | 罷 |
| 羞 | **수** 부끄러워하다 | 양양(羊)부 [6羊5 총11획] | 羞 | 羞 |
| 匿 | **닉** 숨다 | 터진입구(匚)부 [2匚9 총11획] | 匿 | 匿 |
| 諫 | **간** 간하다 | 말씀언(言)부 [7言9 총16획] | 諫 | 諫 |

| 한자 | 음·뜻 | 부수·획수 | 따라 쓰기 | |
|---|---|---|---|---|
| 懼 | 구 두려워하다 | 심방변(忄)부 [3忄18 총21획] | 懼 | 懼 |
| 殊 | 수 매우 | 죽을사(歹)부 [4歹6 총10획] | 殊 | 殊 |
| 駑 | 노 둔하다 | 말마(馬)부 [10馬5 총15획] | 駑 | 駑 |
| 彊 | 강 굳세다 | 활궁(弓)부 [3弓13 총16획] | 彊 | 彊 |
| 鄙 | 비 천하다 | 우부방(邑)부 [3阝11 총14획] | 鄙 | 鄙 |
| 寬 | 관 너그럽다 | 갓머리(宀)부 [3宀12 총15획] | 寬 | 寬 |
| 驩 | 환 기뻐하다 | 말마(馬)부 [10馬18 총28획] | 驩 | 驩 |
| 舍 | 사 집 | 혀설(舌)부 [6舌2 총8획] | 舍 | 舍 |
| 鷗 | 구 갈매기 | 새조(鳥)부 [11鳥11 총22획] | 鷗 | 鷗 |
| 徑 | 경 지름길 | 두인변(彳)부 [3彳7 총10획] | 徑 | 徑 |

| | | | | | | |
|---|---|---|---|---|---|---|
| 醅 | **배** 거르지 않은 술<br>닭유(酉)부 [7酉8 총15획] | 醅 | 醅 | | | |
| 蓬 | **봉** 쑥<br>초두머리(艹)부 [4艹10 총14획] | 蓬 | 蓬 | | | |
| 盤 | **반** 소반<br>그릇명(皿)부 [5皿10 총15획] | 盤 | 盤 | | | |
| 飧 | **손** 저녁밥<br>먹을식(食)부 [9食3 총12획] | 飧 | 飧 | | | |
| 樽 | **준** 술통<br>나무목(木)부 [4木12 총16획] | 樽 | 樽 | | | |
| 隣 | **린** 이웃<br>좌부방(阜)부 [3阝12 총15획] | 隣 | 隣 | | | |
| 籬 | **리** 울타리<br>대죽(竹)부 [6竹19 총25획] | 籬 | 籬 | | | |
| 杯 | **배** 잔<br>나무목(木)부 [4木4 총8획] | 杯 | 杯 | | | |

# 연습하기

四

대학 생활과 한문

# 자기 계발

내용 구성

본문 | 고전 읽기 | 이해와 감상 | 보충 자료

쉼터 | 이야기로 들려주는 성어

한시 감상 | 한시 읽기

마무리 과제 | 한자 쓰기

# 제9강 배우며 전진하며

배우며 전진하며

○ 자기를 버리고 다른 사람을 따르지 못하는 것은 배우는 사람의 큰 병이다. 천하의 의리는 끝이 없는데 어찌 자기 자신만 옳고 남은 옳지 않다고 할 수 있는가?

○ 학문에 나아가고 지혜를 더함에는 九思(구사)보다 더 절실한 것이 없다. 이른바 구사란 볼 때에는 분명하게 볼 것을 생각하며, 들을 때에는 분명히 들을 것을 생각하며, 얼굴빛은 온화하게 할 것을 생각하며, 용모는 공손하게 할 것을 생각하며, 말은 진실하게 할 것을 생각하며, 일은 신중하게 할 것을 생각하며, 의심나는 것은 물을 것을 생각하며, 성날 때는 어려워질 것을 생각하며, 이득을 보면 의리를 생각하는 것이다.

○ 사람이 이 세상에 태어나서 학문이 아니면 사람답게 될 수가 없다. 이른바 학문이라고 하는 것은 정상에서 벗어나거나 일상생활에서 벗어나 별도로 존재하는 일이 아니다. 단지 아버지가 되어서는 마땅히 자식을 사랑하고, 자식이 되어서는 마땅히 부모에게 효도하며, 신하가 되어서는 마땅히 임금에게 충성하며, 부부 사이에서는 마땅히 내외를 구별하고, 형제간에는 마땅히 서로 우애하고, 어린 사람이 되어서는 마땅히 어른을 공경하고, 친구가 되어서는 마땅히 미더움이 있어야 하는 것이므로, 모두 일상생활을 하는 사이에 일에 따라 각각 그 마땅함을 얻을 뿐이요, 玄妙(현묘)한 곳에 마음을 치달려서 기이한 효력을 바라는 것이 아니다.

○ 不能舍己從人, 學者之大病. 天下之義理, 無
불 능 사 기 종 인 　 학 자 지 대 병 　 천 하 지 의 리 　 무

窮, 豈可是己而非人?
궁 　 기 가 시 기 이 비 인

* 출전 : 『退溪集(퇴계집)』

○ 進學益智, 莫切於九思. 所謂九思者, 視思明,
진 학 익 지 　 막 절 어 구 사 　 소 위 구 사 자 　 시 사 명

聽思聰, 色思溫, 貌思恭, 言思忠, 事思敬, 疑
청 사 총 　 색 사 온 　 모 사 공 　 언 사 충 　 사 사 경 　 의

思問, 忿思難, 見得思義.
사 문 　 분 사 난 　 견 득 사 의

* 출전 : 『啓蒙篇(계몽편)』

○ 人生斯世, 非學問, 無以爲人, 所謂學問者, 亦
인 생 사 세 　 비 학 문 　 무 이 위 인 　 소 위 학 문 자 　 역

非異常別件物事也. 只是爲父當慈, 爲子當孝,
비 이 상 별 건 물 사 야 　 지 시 위 부 당 자 　 위 자 당 효

爲臣當忠, 爲夫婦當別, 爲兄弟當友, 爲少者當
위 신 당 충 　 위 부 부 당 별 　 위 형 제 당 우 　 위 소 자 당

敬長, 爲朋友當有信, 皆於日用動靜之間, 隨事
경 장 　 위 붕 우 당 유 신 　 개 어 일 용 동 정 지 간 　 수 사

各得其當而已, 非馳心玄妙, 希覬奇效者也.
각 득 기 당 이 이 　 비 치 심 현 묘 　 희 기 기 효 자 야

* 출전 : 『擊蒙要訣(격몽요결)』

한자 익히기

- ☐ 舍 사 버리다[捨]
- ☐ 豈 기 어찌
- ☐ 聰 총 귀 밝다
- ☐ 貌 모 용모
- ☐ 疑 의 의심하다
- ☐ 忿 분 성내다
- ☐ 慈 자 사랑하다
- ☐ 馳 치 달리다
- ☐ 覬 기 바라다

배우며 전진하며

○ 배우는 사람이 먼저 힘써야 할 것에 의리와 이익을 분별하는 것보다 절실한 것은 없다. 사사로운 욕심의 싹은 모두 이익에서 나오니, 생각의 첫머리에서부터 근본을 뽑아내 버린 후에야 배움에 편안히 할 수 있다.

○ 배우는 자가 걱정할 바는 오직 뜻을 세우는 것이 성실치 못한 데에 있으니, 재주가 혹 부족한 것은 걱정할 바가 아니다. 재주가 없더라도 군자가 되는 데는 방해되지 않으며 재주가 있더라도 소인으로 귀결됨을 면치 못하니, 이는 단지 학문을 함에 있어서 뜻을 세우는 것이 어떠한가에 달려 있을 뿐이다.

○ 먼저 자신의 견해를 세운 자는 보지 못하는 바가 있고, 스스로 이미 알고 있다고 여기는 자는 알지 못하는 바가 있다.

○ 마음에서 스스로 얻은 이는 그 실질을 얻은 것이고, 마음에서 스스로 아는 이는 그 진실을 얻은 것이니, 진실된 앎이 있고 실질을 얻음이 있은 연후에 배웠다고 이를 만하다.

○ 재주가 뛰어난 사람은 마땅히 공손하고 삼가는 행실을 배워야 하고, 총명한 사람은 마땅히 침착하고 관후한 행실을 배워야 한다.

○ 學者先務, 莫切於義利之辨, 私欲之萌, 皆出
학 자 선 무 막 절 어 의 리 지 변 사 욕 지 맹 개 출

於利, 從念頭, 拔去根本, 然後, 可安於學矣.
어 리 종 념 두 발 거 근 본 연 후 가 안 어 학 의

* 출전 : 「靜菴集(정암집)」

○ 學者所患, 惟有立志不誠, 才或不足, 非所患
학 자 소 환 유 유 입 지 불 성 재 혹 부 족 비 소 환

也. 無才而不妨爲君子, 有才而不免爲小人之
야 무 재 이 불 방 위 군 자 유 재 이 불 면 위 소 인 지

歸, 只在爲學立志如何耳.
귀 지 재 위 학 입 지 여 하 이

* 출전 : 「鶴峰集(학봉집)」

○ 先立己見者, 有所不見, 自謂已知者, 有所不知.
선 립 기 견 자 유 소 불 견 자 위 이 지 자 유 소 부 지

* 출전 : 「芝峰集(지봉집)」

○ 於心自得者, 其得實, 於心自知者, 其知眞, 有
어 심 자 득 자 기 득 실 어 심 자 지 자 기 지 진 유

眞知有實得, 然後方可謂之學矣.
진 지 유 실 득 연 후 방 가 위 지 학 의

* 출전 : 「芝峰集(지봉집)」

○ 才俊人, 宜學恭謹, 聰明人, 宜學沈厚.
재 준 인 의 학 공 근 총 명 인 의 학 침 후

* 출전 : 「象村集(상촌집)」

한자 익히기

- □ 辨 변 분별하다
- □ 萌 맹 싹
- □ 拔 발 뽑다
- □ 惟 유 오직
- □ 誠 성 성실하다
- □ 妨 방 방해하다
- □ 俊 준 뛰어나다
- □ 宜 의 마땅하다
- □ 沈 침 잠기다

| 배우며 전진하며

## 『대학』의 3강령 8조목

『대학』의 道(도)는, 밝은 덕을 밝히는 데 있으며, 백성을 새롭게 하는 데 있으며, 지극한 善(선)에 머무는 데 있다. 머물 데를 안 뒤에 정함이 있으니, 정한 뒤에 고요할 수 있고, 고요한 뒤에 편안할 수 있고, 편안한 뒤에 생각할 수 있고, 생각한 뒤에 얻을 수 있다. 物(물)에는 근본과 말단이 있고, 일에는 끝과 시작이 있으니, 먼저 할 것과 나중에 할 것을 안다면 도에 가까울 것이다. 옛날에 밝은 덕을 천하에 밝히고자 하는 이는 먼저 그 나라를 다스리고, 그 나라를 다스리고자 하는 이는 먼저 그 집안을 가지런히 하고, 그 집안을 가지런히 하고자 하는 이는 먼저 그 몸을 닦고, 그 몸을 닦고자 하는 이는 먼저 그 마음을 바르게 하고, 그 마음을 바르게 하고자 하는 이는 먼저 그 뜻을 성실히 하고, 그 뜻을 성실히 하고자 하는 이는 먼저 그 아는 것을 지극히 하였으니, 아는 것을 지극히 함은 사물의 이치를 궁구하는 것에 달려 있다.

# 大學 三綱領 八條目
대 학 삼 강 령 팔 조 목

大學之道, 在明明德, 在親[新]民, 在止於至善.
대 학 지 도 재 명 명 덕 재 친 신 민 재 지 어 지 선

知止而后有定, 定而后能靜, 靜而后能安, 安而
지 지 이 후 유 정 정 이 후 능 정 정 이 후 능 안 안 이

后能慮, 慮而后能得. 物有本末, 事有終始, 知
후 능 려 려 이 후 능 득 물 유 본 말 사 유 종 시 지

所先後, 則近道矣. 古之欲明明德於天下者, 先
소 선 후 즉 근 도 의 고 지 욕 명 명 덕 어 천 하 자 선

治其國, 欲治其國者, 先齊其家, 欲齊其家者,
치 기 국 욕 치 기 국 자 선 제 기 가 욕 제 기 가 자

先修其身, 欲修其身者, 先正其心, 欲正其心者,
선 수 기 신 욕 수 기 신 자 선 정 기 심 욕 정 기 심 자

先誠其意, 欲誠其意者, 先致其知, 致知在格物.
선 성 기 의 욕 성 기 의 자 선 치 기 지 치 지 재 격 물

＊ 출전 : 『大學(대학)』

한자 익히기

- □ **靜 정** 고요하다
- □ **慮 려** 생각하다
- □ **后 후** 뒤
- □ **齊 제** 가지런하다
- □ **致 치** 지극히 하다

## 이해와 감상

대학 삼강령 팔조목

유교 경전 가운데 하나인 『대학』에서 밝히고자 하는 것은 바로 '德(덕)'으로, 이는 나아가 통치자의 덕을 이루는 핵심이기도 하다. 이 글은 그 덕을 밝히는 데 있어서 세 가지 강령을 전제하고 나아가 八條目(팔조목)을 순차적으로 제시하여 덕에 이르는 과정을 설명한 것이다. 팔조목에서는 자신을 닦는 것[修身(수신)]을 중심으로 앞뒤로 연결되는 조목을 깊이 있게 들여다보면서 자신의 생활을 돌아보는 것 또한 의미 있을 것이다.

## 보충 자료

대학 삼강령 팔조목

- 『**大學** 대학』 | 중국에서 유교가 국교로 채택되고, 宋(송) 대에 朱熹(주희)가 불교와 도교에 맞서는 새로운 유학[性理學(성리학)]의 체계를 세우면서 『예기』에서 『중용』과 『대학』 두 편을 독립시켜 四書(사서) 중심의 체재를 확립하였다. 『대학』은 『예기』 49편 가운데 제42편에 해당한다. 주희는 이 책에 章句(장구)를 짓고 자세한 해설을 붙였다. 그는 전체를 經(경) 1장, 傳(전) 10장으로 나누어 '경'은 孔子(공자)의 사상을 제자인 曾子(증자)가 기술한 것이고, '전'은 증자의 생각을 그의 문인이 기록한 것이라고 하였다. 『대학』의 저자에 대해서는 여러 가지 설이 있는데, 『중용』과 『대학』을 공자의 손자인 子思(자사)가 지었다는 견해가 지배적이다.

| 磨 | 斧 | 作 | 針 |
|---|---|---|---|
| 마 갈다 | 부 도끼 | 작 만들다 | 침 바늘 |

**겉뜻** 도끼를 갈아 바늘을 만들다.

**속뜻** 힘든 역경 속에서도 계속 노력하면 성공할 수 있다.

중국 象耳山(상이산) 아래에 磨鍼溪(마침계)라는 냇가가 있다. 그곳에 중국 당나라 때 詩仙(시선)으로 불린 李白(이백)과 관련된 이야기가 전해 온다.

李太白(이태백)은 상이산에서 공부하던 중 도중에 학업을 포기하고 산을 떠나기로 마음먹었다. 산을 내려와 磨鍼溪(마침계)에 이르렀는데, 이곳에서 한 老婆(노파)가 쇠로 만들어진 절굿공이[鐵杵(철저)]를 돌에 문지르며 갈아 내고 있었다. 이백이 "할머니께서는 그것으로 무엇을 만들려고 하십니까?"라고 묻자, 노파는 "바늘을 만들려고 한다네."라고 대답하였다. 노파와 대화를 마친 이백은 노파의 뜻에 크게 감명하여, 다시 산을 올라가 학업을 끝까지 마칠 수 있었다고 한다.

크고 단단한 쇠 절굿공이를 돌에 갈아서 바늘을 만들겠다는 노파의 행동은 사람들의 눈에 어리석고 무모한 일로 보일 수도 있다. 그러나 이백은 어떤 일이든 중도에 그만두지 않고 부단히 노력한다면 언젠가는 그 뜻을 이룰 수 있다는 것을 노파를 보고 깨닫게 된 것이다.

이 이야기처럼 끊임없이 노력하면 성공을 거둘 수 있다는 뜻의 성어로 '磨斧作針(마부작침)' 혹은 '磨杵作針(마저작침)'이라는 말이 있다.

＊ 출전 : 「方輿勝覽(방여승람)」

## 한시 읽기

| | |
|---|---|
| 공부란 모름지기 참을 인 한 글자를 구해야 하니 | 工夫須向一忍求<br>공 부 수 향 일 인 구 |
| 참는 것이 익숙해질 때에서야 절로 좋아지네 | 忍到熟時方自好<br>인 도 숙 시 방 자 호 |
| 저 타인들을 보니 번뇌 속을 헤매지만 | 看他衆人煩惱處<br>간 타 중 인 번 뇌 처 |
| 이내 가슴속은 도리어 무한히 넓도다 | 自家胸中還浩浩<br>자 가 흉 중 환 호 호 |

* 출전 : 權榘(권구, 1672~1749), 「忍字(인자)」

한자 익히기

- □ 須 수 모름지기
- □ 忍 인 참다
- □ 熟 숙 익숙하다
- □ 煩 번 번거롭다
- □ 惱 뇌 괴로워하다
- □ 胸 흉 가슴
- □ 還 환 도리어
- □ 浩 호 크다

## 마무리 과제

내가 존경하는 인물과 꼭 닮고 싶은 점을 적어 봅시다.

# 한자 쓰기

| 한자 | 음·뜻 | 부수·획수 | 따라 쓰기 | 따라 쓰기 | | | |
|---|---|---|---|---|---|---|---|
| 舍 | 사 버리다[捨] | 혀설(舌)부 [6舌2 총8획] | 舍 | 舍 | | | |
| 豈 | 기 어찌 | 콩두(豆)부 [7豆3 총10획] | 豈 | 豈 | | | |
| 聰 | 총 귀 밝다 | 귀이(耳)부 [6耳11 총17획] | 聰 | 聰 | | | |
| 貌 | 모 용모 | 발없는벌레치(豸)부 [7豸7 총14획] | 貌 | 貌 | | | |
| 疑 | 의 의심하다 | 필필(疋)부 [5疋9 총14획] | 疑 | 疑 | | | |
| 忿 | 분 성내다 | 마음심(心)부 [4心4 총8획] | 忿 | 忿 | | | |
| 辨 | 변 분별하다 | 매울신(辛)부 [7辛9 총16획] | 辨 | 辨 | | | |
| 萌 | 맹 싹 | 초두머리(⺾)부 [4⺾8 총12획] | 萌 | 萌 | | | |
| 拔 | 발 뽑다 | 재방변(扌)부 [3扌5 총8획] | 拔 | 拔 | | | |
| 慈 | 자 사랑하다 | 마음심(心)부 [4心9 총13획] | 慈 | 慈 | | | |

| 한자 | 음 | 뜻 | 부수 | 따라 쓰기 | |
|---|---|---|---|---|---|
| 馳 | 치 | 달리다 | 말마(馬)부 [10馬3 총13획] | 馳 | 馳 |
| 覬 | 기 | 바라다 | 볼견(見)부 [7見10 총17획] | 覬 | 覬 |
| 惟 | 유 | 오직 | 심방변(忄)부 [3忄8 총11획] | 惟 | 惟 |
| 誠 | 성 | 성실하다 | 말씀언(言)부 [7言6 총14획] | 誠 | 誠 |
| 妨 | 방 | 방해하다 | 여자녀(女)부 [3女4 총7획] | 妨 | 妨 |
| 俊 | 준 | 뛰어나다 | 사람인변(亻)부 [2亻7 총9획] | 俊 | 俊 |
| 宜 | 의 | 마땅하다 | 갓머리(宀)부 [3宀5 총8획] | 宜 | 宜 |
| 沈 | 침 | 잠기다 | 삼수변(氵)부 [3氵4 총7획] | 沈 | 沈 |
| 靜 | 정 | 고요하다 | 푸를청(靑)부 [8靑8 총16획] | 靜 | 靜 |
| 慮 | 려 | 생각하다 | 마음심(心)부 [4心11 총15획] | 慮 | 慮 |

| | | | | | | |
|---|---|---|---|---|---|---|
| 后 | **후** 뒤<br>입구(口)부 [3口3 총6획] | 后 | 后 | | | |
| 齊 | **제** 가지런하다<br>가지런할제(齊)부<br>[14齊0 총14획] | 齊 | 齊 | | | |
| 致 | **치** 지극히 하다<br>이를지(至)부 [6至4 총10획] | 致 | 致 | | | |
| 須 | **수** 모름지기<br>머리혈(頁)부 [9頁3 총12획] | 須 | 須 | | | |
| 忍 | **인** 참다<br>마음심(心)부 [4心3 총7획] | 忍 | 忍 | | | |
| 熟 | **숙** 익숙하다<br>불화(火)부 [4灬11 총15획] | 熟 | 熟 | | | |
| 煩 | **번** 번거롭다<br>불화(火)부 [4火9 총13획] | 煩 | 煩 | | | |
| 惱 | **뇌** 괴로워하다<br>심방변(忄)부 [3忄9 총12획] | 惱 | 惱 | | | |
| 胸 | **흉** 가슴<br>고기육(肉)부 [4月6 총10획] | 胸 | 胸 | | | |
| 還 | **환** 도리어<br>책받침(辶)부 [3辶13 총16획] | 還 | 還 | | | |
| 浩 | **호** 크다<br>삼수변(氵)부 [3氵7 총10획] | 浩 | 浩 | | | |

# 연습하기

# 제10강 글을 읽는 일이란

글을 읽는 일이란

○ 독서는 산을 유람하는 것과 같다. 산을 오르면서 반도 채 오르지 못하고 그치는 자가 있고, 두루 다니면서도 그 정취를 알지 못하는 자가 있다. 반드시 그 산수의 정취를 알아야 비로소 산을 유람했다고 말할 수 있다.

○ 군자가 몸을 마치도록 하루라도 폐해서는 안 되는 것은 오직 글을 읽는 그 일이다! 그러므로 선비가 하루라도 글을 읽지 아니하면 얼굴이 단아하지 못하고 말씨가 단아하지 못해지니, 장기 두고 바둑 두고 술 마시고 하는 것이 애초에 어찌 즐거워서 한 것이겠는가?

○ 무릇 글을 읽는 것은 장차 무엇을 하려는 것인가? 문장의 기술을 풍부히 하려는 것인가? 글 잘 짓는다는 명예를 넓히려는 것인가? 그게 아니라 학문과 도를 강론하기 위해 글을 읽는 것이다. 孝悌(효제)와 忠信(충신)은 이러한 講學(강학)의 내용이요, 禮樂(예악)과 刑政(형정)은 강학의 응용이니, 글을 읽고서도 그 내용과 응용을 알지 못한다면 강학을 하는 것이 아니다. 강학을 귀히 여기는 것은 그 내용과 응용 때문이다.

○ 무릇 독서를 할 때에는 반드시 책 한 권을 익숙히 읽어서 의미를 모두 알아 의심 없이 훤히 알게 된 후에 다른 책으로 바꿔 읽어야 한다. 만일 입으로만 읽고, 마음으로 체득하지 못하고 몸으로 행하지도 못한다면, 글은 저대로 글이고, 나는 나대로 나일 뿐이니 무슨 이익이 있겠는가?

○ 夫讀書, 如遊山. 有登山未半而止者, 有歷遍而未知其趣者, 必也知其山水之趣, 方可謂遊山.
부독서 여유산 유등산미반이지자 유력편이 미지기취자 필야지기산수지취 방가위유산

* 출전 : 「寒岡集(한강집)」

○ 君子終其身, 不可一日而廢者, 其惟讀書乎! 故士一日而不讀書, 面目不雅, 語言不雅, 博奕飮酒, 初豈樂爲哉?
군자종기신 불가일일이폐자 기유독서호 고 사일일이부독서 면목불아 어언불아 박혁음 주 초기락위재

* 출전 : 「燕巖集(연암집)」

○ 夫讀書者, 將以何爲也? 將以富文術乎? 將以博文譽乎? 講學論道, 讀書之事也, 孝悌忠信, 講學之實也, 禮樂刑政, 講學之用也. 讀書而不知實用者, 非講學也, 所貴乎講學者, 爲其實用也.
부독서자 장이하위야 장이부문술호 장이박 문예호 강학론도 독서지사야 효제충신 강 학지실야 예악형정 강학지용야 독서이부지 실용자 비강학야 소귀호강학자 위기실용야

* 출전 : 「燕巖集(연암집)」

○ 凡讀書, 必熟讀一冊, 盡曉義趣, 貫通無疑然後, 乃改讀他書. 若口讀而心不體身不行, 則書自書我自我, 何益之有?
범독서 필숙독일책 진효의취 관통무의연후 내개독타서 약구독이심불체신불행 즉서자서아 자아 하익지유

* 출전 : 「栗谷全書(율곡전서)」

한자 익히기

- □ 遊 유 유람하다
- □ 歷 력 지나다
- □ 遍 편 두루
- □ 趣 취 풍취
- □ 雅 아 바르다
- □ 博 박 노름
- □ 奕 혁 바둑
- □ 譽 예 칭찬하다
- □ 樂 악 음악
- □ 刑 형 형벌
- □ 熟 숙 익다

글을 읽는 일이란

## 독서의 방법

책을 읽는 것이 어찌 그 말을 보는 데에 있겠는가. 바로 이 마음에서 어떠한가를 징험하여야 하니, 마치 아름다운 여색을 좋아하듯이 하고 악취를 미워하듯이 함을 내 마음속에 시험해서 과연 선을 좋아하고 악을 미워함을 이와 같이 하는가, 한가히 거처할 때에 不善(불선)을 함이 과연 이러한 것이 나에게도 있는가 하여, 조금이라도 지극하지 못함이 있으면 용맹하게 분발하고 뛰어 일어나 그치지 않아야 반드시 큰 진전이 있는 것이다. 이제 이와 같이 할 줄을 알지 못하면 책은 책대로이고 나는 나대로일 것이니, 무슨 유익함이 있겠는가.

# 讀書法
독서법

讀書, 豈在看他言語? 正欲驗之於心如何, 如好
독 서 기 재 간 타 언 어 정 욕 험 지 어 심 여 하 여 호

好色惡惡臭, 試驗之吾心, 果能好善惡惡如此
호 색 오 악 취 시 험 지 오 심 과 능 호 선 오 악 여 차

乎? 閒居爲不善, 是果有此乎? 有不至, 則勇猛
호 한 거 위 불 선 시 과 유 차 호 유 부 지 즉 용 맹

奮躍不已, 必有長進. 今不知如此, 則書自書,
분 약 불 이 필 유 장 진 금 부 지 여 차 즉 서 자 서

我自我, 何益之有?
아 자 아 하 익 지 유

＊ 출전 : 『大學(대학)』 「讀大學法(독대학법)」

**한자 익히기**

- ☐ **驗** 험 증험하다
- ☐ **奮** 분 떨치다
- ☐ **躍** 약 뛰다

## 이해와 감상

독서법

『대학』에 마음이 있지 않으면 보이지도 않고 들리지도 않고 음식의 맛도 모른다고 하였듯이, 모든 일에 마음이 있고 없음이 그만큼 중요하며 독서는 말할 것도 없다. 또 朱子(주자)는 독서의 세 가지 요령으로 눈과 입과 함께 마음이 이르러야 한다고 하였다. 독서의 방법을 말한 글로서, 독서를 할 때는 먼저 마음의 자세를 다잡아야 할 것이다.

| 手 | 不 | 釋 | 卷 |
|---|---|---|---|
| 수 손 | 불 아니다 | 석 풀다 | 권 책 |

걸뜻 손에서 책을 놓지 않다.

속뜻 부지런히 글을 읽어 학문을 닦다.

중국 魏(위)·蜀(촉)·吳(오)가 대립하던 삼국시대에 오나라에 呂蒙(여몽)이라는 장수가 있었으니, 관우를 물리치는 데 큰 공을 세운 인물이다. 孫權(손권)의 부하였던 여몽은 전쟁터에서 공을 세워 장군의 지위에 올랐지만, 학식이 부족하여 다른 관리들에게 멸시를 당하였기에, 손권은 열심히 독서할 것을 권하였다. 그러나 여몽은 군대의 일이 많아 독서할 겨를이 없다고 미루기만 했다. 그러자 손권이 말했다.

"나는 그대가 사서오경을 통달해 박사가 되기를 바라는 것이 아니다. 다만 孫子(손자)와 六韜(육도) 같은 병법을 익혀 앞으로의 일을 섭렵하기를 바라는 것이다. 공자는 '내 일찍이 종일토록 밥을 먹지 않고 밤새도록 잠을 자지 않고서 생각해 보니, 유익함이 없었다. 배우는 것만 못하였다.'라고 하였고, 후한의 황제 光武帝(광무제)는 전쟁에 힘쓰는 중에도 손에서 책을 놓지 않았으며[手不釋卷(수불석권)], 위나라의 曹操(조조) 또한 나이가 들어서도 배우기를 좋아하였다고 하는데, 그대가 어찌 힘써 노력하지 않을 수 있겠는가?"

이에 여몽이 깨달음을 얻고 학업에 정진하여 손에서 책을 놓지 않더니 그 식견이 유학자 못지않게 되었다.

* 출전 : 『冊府元龜(책부원구)』

## 한시 읽기

책이 전하는 것은 천고의 마음인데

책을 읽어도 알아채기는 쉽지 않구나

책 속에서 성현을 마주하니

하시는 말이 모두 나의 스승이로다

書傳千古心
서 전 천 고 심

讀書知不易
독 서 지 불 이

卷中對聖賢
권 중 대 성 현

所言皆吾師
소 언 개 오 사

* 출전 : 李滉(이황, 1501~1570), 「讀書(독서)」

한자 익히기

- □ 傳 전 전하다
- □ 易 이 쉽다
- □ 卷 권 책

## 마무리 과제

가장 감명 깊게 읽은 책 제목을 쓰고, 독후감을 적어 봅시다.

# 한자 쓰기

| 한자 | 음 · 뜻 | 부수 · 획수 | 따라 쓰기 | 따라 쓰기 |
|---|---|---|---|---|
| 遊 | 유 유람하다 | 책받침(辶)부 [3辶9 총12획] | 遊 | 遊 |
| 歷 | 력 지나다 | 그칠지(止)부 [4止12 총16획] | 歷 | 歷 |
| 遍 | 편 두루 | 책받침(辶)부 [3辶9 총12획] | 遍 | 遍 |
| 趣 | 취 풍취 | 달릴주(走)부 [7走8 총15획] | 趣 | 趣 |
| 雅 | 아 바르다 | 새추(隹)부 [8隹4 총12획] | 雅 | 雅 |
| 博 | 박 노름 | 열십(十)부 [2十10 총12획] | 博 | 博 |
| 奕 | 혁 바둑 | 큰대(大)부 [3大6 총9획] | 奕 | 奕 |
| 譽 | 예 칭찬하다 | 말씀언(言)부 [7言14 총21획] | 譽 | 譽 |
| 樂 | 악 음악 | 나무목(木)부 [4木11 총15획] | 樂 | 樂 |
| 刑 | 형 형벌 | 칼도(刀)부 [2刂4 총6획] | 刑 | 刑 |

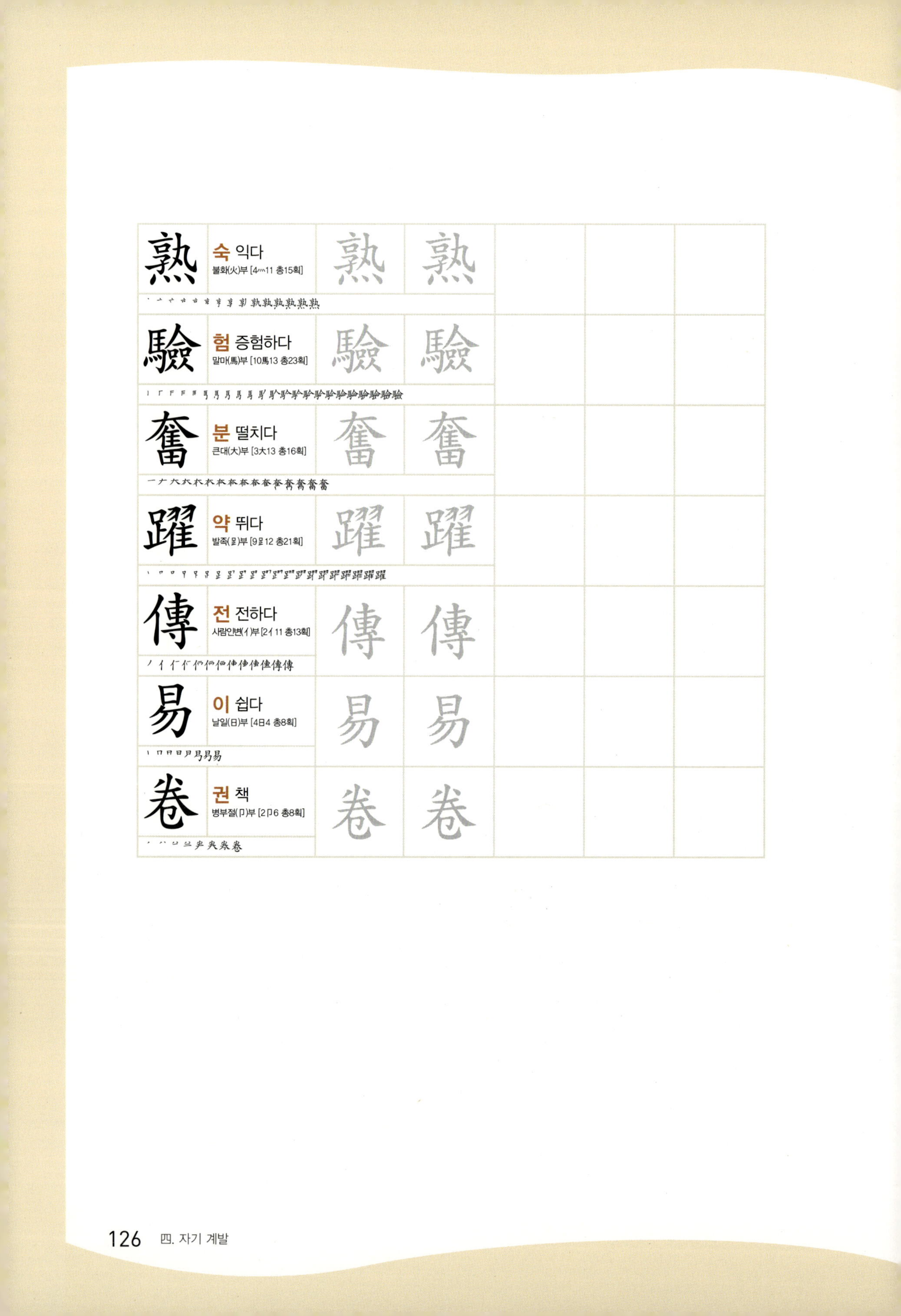

| 한자 | 음·뜻 | | | | | |
|---|---|---|---|---|---|---|
| 熟 | 숙 익다<br>불화(火)부 [4灬11 총15획] | 熟 | 熟 | | | |
| 驗 | 험 증험하다<br>말마(馬)부 [10馬13 총23획] | 驗 | 驗 | | | |
| 奮 | 분 떨치다<br>큰대(大)부 [3大13 총16획] | 奮 | 奮 | | | |
| 躍 | 약 뛰다<br>발족(⻊)부 [9⻊12 총21획] | 躍 | 躍 | | | |
| 傳 | 전 전하다<br>사람인변(亻)부 [2亻11 총13획] | 傳 | 傳 | | | |
| 易 | 이 쉽다<br>날일(日)부 [4日4 총8획] | 易 | 易 | | | |
| 卷 | 권 책<br>병부절(卩)부 [2卩6 총8획] | 卷 | 卷 | | | |

# 연습하기

# 제11강 말을 삼가고 행동을 조심하라



○ 여헌 장 선생이 말씀하셨다. "비움은 모든 것을 채우는 창고가 되며, 고요함은 모든 변화의 기반이 되고, 곧음은 모든 일의 근간이 되며, 겸손은 모든 유익함의 자루가 되며, 검소함은 만복의 근원이 된다."

○ 허물을 부끄러워함은 마음을 조심하는 것만 한 것이 없고, 입을 지킴은 삼가 침묵하는 것만 한 것이 없다. 삼가 침묵하는 이는 말을 적게 하니 말이 적으면 조심하는 것이 전일해지고 조심하는 것이 전일해지면 허물이 적다.

○ 사람은 성현이 아닌데 누가 능히 허물이 없겠는가. 허물을 저지르더라도 능히 후회하고, 즉시 마땅히 고칠 방도를 도모하는 것이 바로 마침내 잘못이 없는 경지에 이를 수 있는 길이다.

○ 귀에 대고 속삭이는 말은 애초에 듣지 말아야 할 것이요, 발설하지 말라면서 하는 말은 애초에 하지 말아야 할 일이니, 남이 알까 두려운 일을 어찌 말하겠으며 어찌 듣겠는가? 이미 말을 해 놓고 다시 경계하는 것은 남을 의심하는 일이고, 남을 의심하면서도 말하는 것은 지혜롭지 못한 일이다.

○ 張旅軒先生曰: "虛爲萬實之府, 靜爲萬化之基,
장 려 헌 선 생 왈 　 허 위 만 실 지 부 　 정 위 만 화 지 기

貞爲萬事之幹, 謙爲萬益之柄, 儉爲萬福之源."
정 위 만 사 지 간 　 겸 위 만 익 지 병 　 검 위 만 복 지 원

* 출전 : 「海東續小學(해동속소학)」

○ 恥過莫如戒心, 守口莫如愼默, 愼默者寡言, 寡言
치 과 막 여 계 심 　 수 구 막 여 신 묵 　 신 묵 자 과 언 　 과 언

則戒專, 戒專則寡過.
즉 계 전 　 계 전 즉 과 과

* 출전 : 「眉叟記言(미수기언)」

○ 人非聖賢, 誰能無過? 過而能悔, 卽當圖所以
인 비 성 현 　 수 능 무 과 　 과 이 능 회 　 즉 당 도 소 이

改之者, 乃終至於無過之道也.
개 지 자 　 내 종 지 어 무 과 지 도 야

* 출전 : 「旅軒集(여헌집)」

○ 附耳之言, 勿聽焉, 戒洩之談, 勿言焉, 猶恐人
부 이 지 언 　 물 청 언 　 계 설 지 담 　 물 언 언 　 유 공 인

知, 奈何言之, 奈何聽之? 旣言而復戒, 是疑人
지 　 내 하 언 지 　 내 하 청 지 　 기 언 이 부 계 　 시 의 인

也, 疑人而言之, 是不智也.
야 　 의 인 이 언 지 　 시 부 지 야

* 출전 : 「燕巖集(연암집)」

한자 익히기

- □ 府 부 곳집
- □ 基 기 터
- □ 貞 정 곧다
- □ 幹 간 줄기
- □ 柄 병 자루
- □ 恥 치 부끄럽다
- □ 愼 신 삼가다
- □ 默 묵 묵묵하다
- □ 寡 과 적다
- □ 悔 회 뉘우치다
- □ 圖 도 꾀하다
- □ 附 부 붙다
- □ 洩 설 새다
- □ 奈 내 어찌
- □ 煖 난 따뜻하다
- □ 綿 면 면
- □ 絮 서 솜
- □ 荊 형 가시나무
- □ 棘 극 가시나무
- □ 割 할 베다

○ 사람을 이롭게 하는 말은 따뜻하기가 솜과 같고, 사람을 상하게 하는 말은 날카롭기가 가시 같다. 한마디 말이 사람을 이롭게 함은 무겁기가 천금과 같고, 한마디 말이 사람을 상하게 함은 아프기가 칼로 베는 것과 같다.

○ 복은 맑고 검소한 데서 생기고 덕은 겸손하고 사양하는 데서 생기며, 도는 편안하고 고요한 데서 생기고 命(명)은 화창한 데서 생기고 근심은 욕심이 많은 데서 생기고 재앙은 탐욕이 많은 데서 생기며, 잘못은 경솔하고 교만한 데서 생기고 죄악은 어질지 못한 데서 생긴다.

○ 성안공 尙震(상진)은 매번 자제들에게 이르기를 "대장부의 뜻이란 외형에 있지 않다. 의복이 아름다우면 사람들에게 심히 부끄러워해야 할 것이다." 라고 하였다.

○ 利人之言, 煖如綿絮, 傷人之語, 利如荊棘. 一
이 인 지 언 난 여 면 서 상 인 지 어 이 여 형 극 일

言利人, 重直千金, 一語傷人, 痛如刀割.
언 리 인 중 치 천 금 일 어 상 인 통 여 도 할

＊ 출전 : 「明心寶鑑(명심보감)」

○ 福生於淸儉, 德生於卑退, 道生於安靜, 命生於
복 생 어 청 검 덕 생 어 비 퇴 도 생 어 안 정 명 생 어

和暢, 患生於多慾, 禍生於多貪, 過生於輕慢,
화 창 환 생 어 다 욕 화 생 어 다 탐 과 생 어 경 만

罪生於不仁.
죄 생 어 불 인

＊ 출전 : 「明心寶鑑(명심보감)」

○ 尙成安公震, 每謂子弟曰 : "丈夫之志, 不累外
상 성 안 공 진 매 위 자 제 왈 장 부 지 지 불 루 외

飾, 服美于人, 可恥之甚者也."
식 복 미 우 인 가 치 지 심 자 야

＊ 출전 : 「淸江集(청강집)」

한자 익히기

- ☐ 暢 창 화창하다
- ☐ 慾 욕 욕심
- ☐ 貪 탐 탐하다
- ☐ 累 루 묶다

말을 삼가고 행동을 조심하라

## 타인의 장단점을 말하지 말라

옛날에 재상 황희가 벼슬을 하지 않던 때에 길을 가다가 길가에서 쉬는데, 농부가 두 마리의 소에게 멍에를 얹어 밭을 가는 것을 보았다. 황희가

"두 소 가운데 어떤 놈이 더 나은가?"

라고 하였다.

농부는 대답하지 않은 채 밭 갈기를 멈추고 그의 앞에 이르러 귀에 대고 작은 소리로

"이 소가 낫습니다."

라고 하였다.

황희가 그것을 이상하게 여기고는

"어찌하여 귀에 대고 말을 하는 것인가?"

하자, 농부가

"비록 가축이라도 그 마음은 사람과 같습니다. 이것이 나으면 저것이 못하다는 말인데, 소로 하여금 그 말을 듣게 한다면 어찌 좋지 않은 마음이 들지 않겠습니까?"

라고 하였다.

공이 크게 깨닫고는 마침내 남의 장단점을 다시는 말하지 않았다고 한다.

# 不言長短
불 언 장 단

昔者, 黃相國喜微時行役, 憩于路上, 見田夫駕
석 자 황 상 국 희 미 시 행 역 게 우 로 상 견 전 부 가

二牛耕者, 問曰: "二牛何者爲勝?" 田夫不對,
이 우 경 자 문 왈 이 우 하 자 위 승 전 부 부 대

輟耕而至, 附耳細語曰: "此牛勝." 公怪之曰:
철 경 이 지 부 이 세 어 왈 차 우 승 공 괴 지 왈

"何以附耳相語?" 田夫曰: "雖畜物, 其心與人同
하 이 부 이 상 어 전 부 왈 수 축 물 기 심 여 인 동

也. 此勝則彼劣, 使牛聞之, 寧無不平之心乎?"
야 차 승 칙 피 렬 사 우 문 지 녕 무 불 평 지 심 호

公大悟, 遂不復言人之長短云.
공 대 오 수 불 부 언 인 지 장 단 운

＊출전 : 「芝峯類說(지봉유설)」

**한자 익히기**

- □ **黃相國喜 황상국희** 조선 초기의 이름난 재상 黃喜(황희, 1363 ~1452)
- □ **微 미** 미미하다
- □ **微時 미시** 아직 벼슬하지 않을 때
- □ **役 역** 부리다
- □ **行役 행역** 나라의 명령으로 토목사업 또는 국방의 일을 하다.
- □ **駕 가** 멍에 얹다
- □ **輟 철** 그치다
- □ **細 세** 가늘다

## 이해와 감상

불언장단

입은 재앙을 부르는 문이라고 하였다. 장단점을 나열하면서 함부로 남을 평가하고 점수를 매겨서는 안 된다. 시비를 부르기도 하고 말이 창칼이 되어 남의 폐부를 찌른다. 두 마리 소를 소재로 한 우화 같은 글 속에서 미물에게까지 말을 조심해야 하듯이 사람에게는 두말할 것도 없이 더욱 말을 삼가야 한다는 경계의 교훈이 절실하게 드러난다. 남을 평가하고 논하기 전에 자신은 어떠한지를 마땅히 먼저 살펴보아야 할 것이다.

## 보충 자료

불언장단

- **『芝峯類說 지봉유설』** | 1614년(광해군 6)에 李睟光(이수광)이 편찬한 일종의 백과사전이다. 天文(천문)·災異(재이)·地理(지리)·兵政(병정)·文章(문장)·技藝(기예) 등 25개 부문으로 분류되어 있고 실린 내용 또한 다양하다. 이 책에는 서양 문물에 대한 이수광의 견문과 새로운 문화에 대한 관심이 나타나 있어 조선 중기 실학의 선구자로서 이수광의 면모를 살펴볼 수 있는 동시에, 언어학적 측면과 비평문학적 측면에서 가치 있는 견해들이 다수 실려 있다.

| 他 | 山 | 之 | 石 |
|---|---|---|---|
| **타** 다르다 | **산** 산 | **지** 어조사 | **석** 돌 |

**겉뜻** 다른 산의 돌.

**속뜻** 상관없어 보이지만 자신의 수양에 도움이 되는 타인의 언행.

| | |
|---|---|
| 학이 깊은 산 연못가에서 울면 | 鶴鳴于九皐(학명우구고) |
| 소리가 하늘까지 들리네 | 聲聞于天(성문우천) |
| 물고기는 물가에 나와 있으나 | 魚在于渚(어재우저) |
| 때로는 잠겨 깊은 연못 속에 있네 | 或潛在淵(혹잠재연) |
| 즐거운 저 동산에 | 樂彼之園(락피지원) |
| 심어 놓은 박달나무 있는데 | 爰有樹檀(원유수단) |
| 그 아래에는 닥나무가 있네 | 其下維穀(기하유곡) |
| 다른 산의 돌이 | 他山之石(타산지석) |
| 옥을 갈 수 있도다 | 可以攻玉(가이공옥) |

위 내용은 『詩經(시경)』에 실린 「鶴鳴(학명)」이라는 시의 일부이다. '他山之石(타산지석)'은 '다른 산의 돌이 옥을 갈 수 있다.[他山之石(타산지석) 可以攻玉(가이공옥)]'라는 이 시의 마지막 구절에서 유래된 말이다.

이 시에 대해 程子(정자)는 "옥의 부드러운 광택은 천하에 지극히 아름다운 것이고, 돌의 거칢은 천하에 지극히 나쁜 것이다. 그러나 두 옥을 서로 간다면 그릇을 만들 수 없으니, 돌로써 옥을 갈아야만 옥그릇이 이루어질 수 있다."라고 하며, 옥을 君子(군자)에, 돌을 小人(소인)에 비유하여, 비록 인격이 부족한 소인과 함께 산다 하더라도 그를 보며 부족함을 채우고 분발한다면 도덕을 이룰 수 있다고 하였다.

이처럼 타산지석은 나보다 부족하고 하찮게 보이는 남의 언행 또한 나에게 도움이 될 수 있다는 의미를 담고 있다.

＊ 출전 : 「詩經(시경)」 「小雅(소아) 鶴鳴(학명)」

## 한시 읽기

한자 익히기

- ☐ 禍 화 재앙
- ☐ 斬 참 베다
- ☐ 閉 폐 닫다
- ☐ 藏 장 감추다
- ☐ 牢 뢰 우리

입은 재앙이 들어오는 문이요

혀는 몸을 잘라 내는 칼일세

입을 닫고 혀를 깊숙이 감추면

몸을 보중하는 일 곳곳마다 견고하리라

口是禍之門
구 시 화 지 문

舌是斬身刀
설 시 참 신 도

閉口深藏舌
폐 구 심 장 설

安身處處牢
안 신 처 처 뢰

* 출전 : 馮道(풍도, 882~954), 「舌詩(설시)」

## 마무리 과제

말과 행동의 중요성을 체감했던 경험을 떠올려, 직접 漢字成語(한자성어)를 만들어 봅시다.

# 한자 쓰기

| 한자 | 음·뜻 | 부수·획수 | 필순 | 쓰기 | 쓰기 |
|---|---|---|---|---|---|
| 府 | 부 곳집 | 엄호(广)부 [3广5 총8획] | 丶 亠 广 广 庁 庁 府 府 | 府 | 府 |
| 基 | 기 터 | 흙토(土)부 [3土8 총11획] | 一 十 廾 廾 甘 甘 其 其 其 基 基 | 基 | 基 |
| 貞 | 정 곧다 | 조개패(貝)부 [7貝2 총9획] | 丨 卜 卜 占 占 貞 貞 貞 貞 | 貞 | 貞 |
| 幹 | 간 줄기 | 방패간(干)부 [3干10 총13획] | 一 十 十 古 古 古 直 卓 卓 幹 幹 幹 幹 | 幹 | 幹 |
| 柄 | 병 자루 | 나무목(木)부 [4木5 총9획] | 一 十 才 木 木 朩 柄 柄 柄 | 柄 | 柄 |
| 恥 | 치 부끄럽다 | 마음심(心)부 [4心6 총10획] | 一 丅 F F E 耳 耳 恥 恥 恥 | 恥 | 恥 |
| 愼 | 신 삼가다 | 심방변(忄)부 [3忄10 총13획] | 丨 忄 忄 忄 忄 忄 恉 恉 愼 愼 愼 愼 愼 | 愼 | 愼 |
| 默 | 묵 묵묵하다 | 검을흑(黑) [12黑3 총15획] | 丶 冂 冂 日 旦 甲 里 里 野 默 默 默 默 默 默 | 默 | 默 |
| 寡 | 과 적다 | 갓머리(宀)부 [3宀11 총14획] | 丶 丶 宀 宀 宀 宀 宀 宀 宀 宜 宜 寘 寡 寡 | 寡 | 寡 |
| 悔 | 회 뉘우치다 | 심방변(忄)부 [3忄7 총10획] | 丨 忄 忄 忄 忄 忙 悔 悔 悔 悔 | 悔 | 悔 |

| 한자 | 음·뜻 | 부수 |
| --- | --- | --- |
| 圖 | 도 꾀하다 | 큰입구(口)부 [3口11 총14획] |
| 附 | 부 붙다 | 좌부방(阜)부 [3阝5 총8획] |
| 洩 | 설 새다 | 삼수변(氵)부 [3氵6 총9획] |
| 奈 | 내 어찌 | 큰대(大)부 [3大5 총8획] |
| 煖 | 난 따뜻하다 | 불화(火)부 [4火9 총13획] |
| 綿 | 면 면 | 실사(糸)부 [6糸8 총14획] |
| 絮 | 서 솜 | 실사(糸)부 [6糸6 총12획] |
| 荊 | 형 가시나무 | 초두머리(艹)부 [4艹6 총10획] |
| 棘 | 극 가시나무 | 나무목(木)부 [4木8 총12획] |
| 割 | 할 베다 | 칼도(刀)부 [2刂10 총12획] |

| 한자 | 음·뜻 | 따라 쓰기 | | | | |
|---|---|---|---|---|---|---|
| 暢 | **창** 화창하다<br>날일(日)부 [4日10 총14획] | 暢 | 暢 | | | |
| 慾 | **욕** 욕심<br>마음심(心)부 [4心11 총15획] | 慾 | 慾 | | | |
| 貪 | **탐** 탐하다<br>조개패(貝)부 [7貝4 총11획] | 貪 | 貪 | | | |
| 累 | **루** 묶다<br>실사(糸)부 [6糸5 총11획] | 累 | 累 | | | |
| 微 | **미** 미미하다<br>두인변(彳)부 [3彳10 총13획] | 微 | 微 | | | |
| 役 | **역** 부리다<br>두인변(彳)부 [3彳4 총7획] | 役 | 役 | | | |
| 駕 | **가** 멍에<br>말마(馬)부 [10馬5 총15획] | 駕 | 駕 | | | |
| 輟 | **철** 그치다<br>수레거(車)부 [7車8 총15획] | 輟 | 輟 | | | |
| 細 | **세** 가늘다<br>실사(糸)부 [6糸5 총11획] | 細 | 細 | | | |
| 禍 | **화** 재앙<br>보일시(示)부 [4示10 총14획] | 禍 | 禍 | | | |

| 한자 | 음·뜻 | | | | | |
|---|---|---|---|---|---|---|
| 斬 | **참** 베다<br>날근(斤)부 [4斤7 총11획] | 斬 | 斬 | | | |
| 閉 | **폐** 닫다<br>문문(門)부 [8門3 총11획] | 閉 | 閉 | | | |
| 藏 | **장** 감추다<br>초두머리(艹)부<br>[4艹14 총18획] | 藏 | 藏 | | | |
| 牢 | **뢰** 우리<br>소우(牛)부 [4牛3 총7획] | 牢 | 牢 | | | |

# 제12강 나의 인생 설계

나의 인생 설계

## 옛 습관을 고치라

사람이 비록 학문에 뜻이 있어도 용맹스럽게 앞으로 나아가 성취할 수 없는 것은 옛 습관이 방해함이 있어서이다. 옛 습관의 조목을 아래와 같이 조목별로 나열하니, 만약 뜻을 가다듬고 통렬히 끊어 버리지 않는다면 끝내 학문할 바탕이 없을 것이다.

- 첫째, 뜻을 게을리하고 몸가짐을 함부로 하며, 편히 지낼 것만 생각하고 구속되기를 몹시 싫어하는 것.
- 둘째, 항상 돌아다닐 생각만 하고 조용히 안정하지 못하며, 분주히 드나들며 떠들면서 세월을 보내는 것.
- 셋째, 같은 것은 즐기고 다른 것은 미워하여, 유행에 빠졌다가 조금 삼가 행동하자니 무리와 어긋날까 두려워지는 것.
- 넷째, 글을 꾸미기를 좋아하여 세상에서 칭찬받기를 좋아하며, 경전의 글을 따다 문장을 화려하게 꾸미는 것.
- 다섯째, 편지글을 짓고 거문고 타고 술 마시는 것을 일삼으며 한가로이 세월을 보내면서도 스스로는 맑은 운치라 여기는 것.
- 여섯째, 한가한 사람들을 모아 놓고 바둑이나 장기 두기를 즐기며 종일토록 배불리 먹을 것을 다투는 데만 힘쓰는 것.
- 일곱째, 부귀를 부러워하고 빈천을 싫어하여 나쁜 옷 입고 거친 음식 먹는 것을 매우 수치스럽게 여기는 것.
- 여덟째, 욕망이 절제가 없고 끊어 내지 못하여, 금전의 이익과 노래와 여색을 꿀맛처럼 달게 여기는 것.

# 革舊習
혁 구 습

人雖有志於學, 而不能勇往直前, 以有所成就者,
인 수 유 지 어 학 이 불 능 용 왕 직 전 이 유 소 성 취 자

舊習有以沮敗之也. 舊習之目, 條列如左, 若非勵
구 습 유 이 저 패 지 야 구 습 지 목 조 열 여 좌 약 비 려

志痛絶, 則終無爲學之地矣.
지 통 절 즉 종 무 위 학 지 지 의

- 其一, 惰其心志, 放其儀形, 只思暇逸, 深厭拘束.
  기 일 타 기 심 지 방 기 의 형 지 사 가 일 심 염 구 속
- 其二, 常思動作, 不能守靜, 紛紜出入, 打話度日.
  기 이 상 사 동 작 불 능 수 정 분 운 출 입 타 화 도 일
- 其三, 喜同惡異, 汨於流俗, 稍欲修飭, 恐乖於衆.
  기 삼 희 동 오 이 골 어 류 속 초 욕 수 칙 공 괴 어 중
- 其四, 好以文辭, 取譽於時, 剽竊經傳, 以飾浮藻.
  기 사 호 이 문 사 취 예 어 시 표 절 경 전 이 식 부 조
- 其五, 工於筆札, 業於琴酒, 優游卒歲, 自謂淸致.
  기 오 공 어 필 찰 업 어 금 주 우 유 졸 세 자 위 청 치
- 其六, 好聚閒人, 圍棋局戱, 飽食終日, 只資爭競.
  기 육 호 취 한 인 위 기 국 희 포 식 종 일 지 자 쟁 경
- 其七, 歆羨富貴, 厭薄貧賤, 惡衣惡食, 深以爲恥.
  기 칠 흠 선 부 귀 염 박 빈 천 악 의 악 식 심 이 위 치
- 其八, 嗜慾無節, 不能斷制, 貨利聲色, 其味如蔗.
  기 팔 기 욕 무 절 불 능 단 제 화 리 성 색 기 미 여 자

＊ 출전 : 李珥(이이), 『擊蒙要訣(격몽요결)』

**한자 익히기**

- ☐ 沮 저 막다
- ☐ 勵 려 힘쓰다
- ☐ 惰 타 게으르다
- ☐ 儀 의 거동
- ☐ 紜 운 어지럽다
- ☐ 汨 골 빠지다
- ☐ 飭 칙 삼가다
- ☐ 乖 괴 어그러지다
- ☐ 剽 표 훔치다
- ☐ 藻 조 문장
- ☐ 棋 기 바둑
- ☐ 歆 흠 받다
- ☐ 嗜 기 즐기다
- ☐ 蔗 자 사탕수수

## 이해와 감상

혁구습

이 글의 주지는 옛 습관을 혁파하라는 것이다. 나의 인생과 그 설계는 끝없는 배움을 통하여 완성된다. 李珥(이이)는 학문의 바탕을 다지고 성취하는 데에 있어서 옛 습관이 방해되기에, 중요한 여덟 가지를 열거하면서 반드시 그것을 끊어 버리라고 하였다. 한 칼에 나무를 뿌리째 베어 버리는 것처럼 하고 마음을 깨끗이 씻어 털끝만 한 찌꺼기도 없도록 해야 한다고 한 말은 폐부를 찌른다. 지금까지의 잘못과 옳지 못한 습관을 과감히 버리고 날마다 새로움을 더하여야만 나의 미래에 후회가 없을 것이다. 이는 비단 개인의 과제만이 아니라 한 국가의 정치·경제·사회·문화 등의 분야에서도 이른바 惡習(악습)과 慣行(관행)을 혁파하여야 한다.

## 보충 자료

혁구습

- **이이**李珥 | 1536(중종 31)~1584(선조 17). 자는 叔獻(숙헌), 호는 栗谷(율곡)·石潭(석담)으로 조선 중기의 유학자이자 정치가이다. 1682년에는 成渾(성혼)과 함께, 孔子(공자)를 섬기는 文廟(문묘)에 우리나라의 名賢(명현)으로 배향되었다.

- **『擊蒙要訣** 격몽요결**』** | 1577년에 李珥(이이)가 학문을 시작하는 이들을 가르치기 위해 편찬한 책으로, 10개 장으로 구성되었으며 각 장마다 여러 항목이 나열되어 있다. 학문이란 특별한 것이 아니라 인간이 인간답게 살아가기 위하여 일상생활을 마땅하게 해 나가는 것일 뿐이라는 입장에서 저술되었다.

| 座 | 右 | 銘 |
|---|---|---|
| 좌 자리 | 우 오른쪽 | 명 새기다 |

겉뜻 자리 곁에 새겨 둔 말.

속뜻 늘 가까이 하며 경계로 삼는 가르침.

공자가 魯(노)나라 桓公(환공)의 祠堂(사당)에서 欹器(의기)가 있는 것을 보고, 사당지기에게 "이것은 무슨 그릇입니까?"라고 물었다. 사당지기는 "이것은 환공께서 항상 오른쪽에 두고 보시는 그릇입니다.[宥坐之器(유좌지기)]"라고 하였다. 공자는 "나는 宥坐之器(유좌지기)가 비면 기울어지고, 알맞게 차면 바르게 되며, 가득 차면 엎어진다고 들었습니다. 밝은 군주께서 이것을 항상 앉은 자리 곁에 두고서 지극한 경계로 삼으신 것입니다."라고 하며, 제자들에게 물을 부어 시험해 보게 하니 물이 알맞게 차오르면 바로 서고, 가득 차면 넘어졌다.

공자가 이에 탄식하며 "아, 무릇 물건이라는 것이 어찌 가득 찼는데도 넘어지지 않을 수 있겠는가!"라고 하니, 자로가 "가득 차도 넘어지지 않는 방법이 있습니까?"라고 물었다. 공자가 말했다. "총명하고 지혜로워도 우둔한 모습을 지켜야 하고, 功(공)이 천하를 덮을 정도라도 謙讓(겸양)의 미덕을 지켜야 하고, 용맹함이 세상에 떨칠지라도 겁먹은 모습을 지켜야 하고, 아무리 천하를 다 가질 만큼 부유하더라도 겸손한 모습을 지켜야 하니, 이것이 바로 덜어 내는 방법이다."

또한 중국 後漢(후한)의 학자인 崔瑗(최원)은 자신의 행실을 바로잡을 글귀를 쇠붙이에 써서 그것을 의자 오른쪽에 걸어 두고 매일 쳐다보며 스스로를 가다듬었는데, 이것이 '座右銘(좌우명)'의 시초이다.

＊ 출전 :「孔子世家(공자세가)」

## 한시 읽기

| | |
|---|---|
| 글을 읽던 당시에는 세상을 다스릴 뜻 품었었는데 | 讀書當日志經綸<br>독 서 당 일 지 경 륜 |
| 노년 되어선 도리어 顏淵(안연)의 가난 달게 여기네 | 歲暮還甘顏氏貧<br>세 모 환 감 안 씨 빈 |
| 부귀는 다툼이 있으니 손을 대기 어렵지만 | 富貧有爭難下手<br>부 빈 유 쟁 난 하 수 |
| 산수는 막는 이 없으니 몸을 편히 할 만하네 | 林泉無禁可安身<br>임 천 무 금 가 안 신 |
| 산나물 캐고 물고기 잡아 정히 배를 채우고 | 採山釣水堪充腹<br>채 산 조 수 감 충 복 |
| 달을 읊고 바람 노래하여 족히 정신 트이게 하네 | 詠月吟風足暢神<br>영 월 음 풍 족 창 신 |
| 학문이 의심 없이 시원하게 아는 경지에 이른다면 | 學到不疑知快闊<br>학 도 불 의 지 쾌 활 |
| 헛되이 인생을 산 사람은 면할 수 있으리라 | 免教虛作百年人<br>면 교 허 작 백 년 인 |

＊ 출전 : 徐敬德(서경덕, 1489~1546), 「讀書有感(독서유감)」

**한자 익히기**

- □ 綸 륜 벼리
- □ 暮 모 저물다
- □ 禁 금 금하다
- □ 採 채 캐다
- □ 釣 조 낚시
- □ 堪 감 견디다
- □ 暢 창 펴다
- □ 闊 활 트이다

# 마무리 과제

내 인생의 座右銘(좌우명)은 무엇입니까?

## 한자 쓰기

| 한자 | 뜻·음 / 부수 | 따라 쓰기 | 따라 쓰기 |
|---|---|---|---|
| 沮 | 저 막다<br>삼수변(氵)부 [3氵5 총8획] | 沮 | 沮 |
| 勵 | 려 힘쓰다<br>힘력(力)부 [2力15 총17획] | 勵 | 勵 |
| 惰 | 타 게으르다<br>심방변(忄)부 [3忄9 총12획] | 惰 | 惰 |
| 儀 | 의 거동<br>사람인변(亻)부 [2亻13 총15획] | 儀 | 儀 |
| 紜 | 운 어지럽다<br>실사(糸)부 [6糸4 총10획] | 紜 | 紜 |
| 汩 | 골 빠지다<br>삼수변(氵)부 [3氵4 총7획] | 汩 | 汩 |
| 飭 | 칙 삼가다<br>먹을식(食)부 [8食5 총13획] | 飭 | 飭 |
| 乖 | 괴 어그러지다<br>삐침별(丿)부 [1丿7 총8획] | 乖 | 乖 |
| 剽 | 표 훔치다<br>칼도(刀)부 [2刂11 총13획] | 剽 | 剽 |
| 藻 | 조 문장<br>초두머리(艹)부 [4艹16 총20획] | 藻 | 藻 |

| 한자 | 음 · 뜻 | 부수 · 획수 |
|---|---|---|
| 棋 | 기 바둑 | 나무목(木)부 [4木8 총12획] |
| 歆 | 흠 받다 | 하품흠(欠)부 [4欠9 총13획] |
| 嗜 | 기 즐기다 | 입구(口)부 [3口10 총13획] |
| 蔗 | 자 사탕수수 | 초두머리(艹)부 [4艹11 총15획] |
| 綸 | 륜 벼리 | 실사(糸)부 [6糸8 총14획] |
| 暮 | 모 저물다 | 날일(日)부 [4日11 총15획] |
| 禁 | 금 금하다 | 보일시(示)부 [5示8 총13획] |
| 採 | 채 캐다 | 재방변(扌)부 [3扌8 총11획] |
| 釣 | 조 낚시 | 쇠금(金)부 [8金3 총11획] |
| 堪 | 감 견디다 | 흙토(土)부 [3土9 총12획] |
| 暢 | 창 펴다 | 날일(日)부 [4日10 총14획] |
| 闊 | 활 트이다 | 문문(門)부 [8門9 총17획] |

# 연습하기

五

대학 생활과 한문

# 세상 보기

## 제13강 거울처럼 살리라

□ 鏡說 경설

## 제14강 더 높이 더 멀리 보라

□ 雜說 여러 가지 이야기

## 제15강 지도자에게 바라다

□ 愛民義 애민의

## 제16강 내가 보는 세상은

□ 菱洋詩集序 능양시집서

**내용 구성**

**본문** | 고전 읽기 | 이해와 감상 | 보충 자료

**쉼터** | 이야기로 들려주는 성어

**한시 감상** | 한시 읽기

마무리 과제 | 한자 쓰기

五 세·상·보·기

# 제13강 거울처럼 살리라

| 거울처럼 살리라

## 거울 이야기

거사가 거울 한 개를 가졌는데, 먼지가 끼어서 흐릿한 것이 꼭 달이 구름에 가려진 것 같았다. 그러나 아침저녁으로 들여다보고 용모를 꾸미는 사람처럼 하였다. 손이 그 모습을 보고 물었다.

"거울이란 얼굴을 비추는 것이요, 그렇지 않으면 군자가 그것을 보고 그 맑은 본질을 취하는 것이다. 지금 그대의 거울은 흐릿하게 안개가 낀 듯하다. 그런데도 그대는 오히려 늘 비춰 보기를 그치지 않으니 어쩌면 이유가 있는 것인가?"

거사는 말하였다.

"밝은 거울은 잘생긴 사람은 좋아하지만 못생긴 사람은 싫어한다. 그러나 잘생긴 사람은 적고 못생긴 사람은 많기에, 만일 한번 보면 반드시 깨뜨려서 부숴 버리고야 말 것이니 먼지에 흐려진 것만 못하다. 먼지로 흐려진 것은 그 겉은 부식되었을지라도 그 맑은 본성은 잃지 않은 것이니, 만일 잘생긴 사람을 만난 뒤에 갈고 닦더라도 늦지 않다. 아! 옛사람이 거울을 본 것은 그 맑은 본질을 취한 것이나 내가 거울을 보는 것은 그 흐린 외면을 취하는 것이니, 그대는 어찌 이상하게 여기는가?"

손은 대답이 없었다.

# 鏡說
경 설

居士有鏡一枚, 塵埃侵蝕, 掩掩如月之翳
거 사 유 경 일 매 진 애 침 식 엄 엄 여 월 지 예

雲. 然朝夕覽觀, 似若飾容貌者. 客見而問曰:
운 연 조 석 람 관 사 약 식 용 모 자 객 견 이 문 왈

“鏡所以鑒形, 不則君子對之, 以取其淸, 今吾
경 소 이 감 형 부 즉 군 자 대 지 이 취 기 청 금 오

子之鏡, 濛如霧如, 旣不可鑑其形, 又無所取
자 지 경 몽 여 무 여 기 불 가 감 기 형 우 무 소 취

其淸. 然吾子尙炤不已, 豈有理乎?” 居士曰:
기 청 연 오 자 상 소 불 이 기 유 리 호 거 사 왈

“鏡之明也, 姸者喜之, 醜者忌之. 然姸者少, 醜
경 지 명 야 연 자 희 지 추 자 기 지 연 연 자 소 추

者多, 若一見必破碎後已, 不若爲塵所昏. 塵之
자 다 약 일 견 필 파 쇄 후 이 불 약 위 진 소 혼 진 지

昏, 寧蝕其外, 未喪其淸, 萬一遇姸者, 而後磨拭
혼 녕 식 기 외 미 상 기 청 만 일 우 연 자 이 후 마 식

之, 亦未晩也. 噫! 古之對鏡, 所以取其淸, 吾之
지 역 미 만 야 희 고 지 대 경 소 이 취 기 청 오 지

對鏡, 所以取其昏, 子何怪哉?” 客無以對.
대 경 소 이 취 기 혼 자 하 괴 재 객 무 이 대

＊ 출전 : 李奎報(이규보), 『東國李相國集(동국이상국집)』

**한자 익히기**

- □ 塵 진 티끌
- □ 埃 애 먼지
- □ 侵 침 침범하다
- □ 蝕 식 좀먹다
- □ 翳 예 가리다
- □ 掩 엄 가리다
- □ 掩掩 엄엄 희미한 모양
- □ 飾 식 꾸미다
- □ 鑒 감 비추다
- □ 濛 몽 흐릿하다
- □ 霧 무 안개
- □ 炤 소 비추다
- □ 姸 연 어여쁘다
- □ 醜 추 못생기다
- □ 碎 쇄 부수다
- □ 磨 마 갈다
- □ 拭 식 닦다

## 이해와 감상

경설

고려시대에 무신의 난 이후 정치적·사회적으로 급변하고 신진 사대부들이 등장하는 시기에 지어진 글이다. 먼지가 끼어 흐린 거울을 가지고 보는 居士(거사)가 세상에서 사물과 인간이 어떻게 받아들여지고 배척되는가를 통찰하고, 거울의 본질과 사람의 본성을 살피는 동시에 바람직한 삶의 자세를 일깨우는 내용이다. 고정관념과 통념을 깨면서 지나치게 청렴결백한 태도로만 일관하는 사람에 대한 비판 의식과 함께, 당시 시대 상황에 따른 자신의 처세관을 드러내고 있다.

## 보충 자료

경설

- **李奎報** 이규보 | 1168(의종 22)~1241(고종 28). 고려 후기의 문인으로, 그가 지은 詩風(시풍)은 당대를 풍미했다. 초명은 李仁氐(이인저), 자는 春卿(춘경), 호는 白雲居士(백운거사)이며 시호는 文順(문순)이다. 만년에는 시·거문고·술을 좋아해 三酷好先生(삼혹호선생)이라고 불렸다. 저서로는 『東國李相國集(동국이상국집)』이 있다.

- **『東國李相國集** 동국이상국집**』** | 이규보의 문집이다. 前集(전집) 41권, 後集(후집) 12권의 자못 방대한 문헌으로, 국문학사상 중요한 개인문집일 뿐 아니라 귀중한 사료이다.

| 水 | 落 | 石 | 出 |
|---|---|---|---|
| 수 물 | 락 떨어지다 | 석 돌 | 출 나오다 |

겉뜻 수위가 낮아져 돌이 드러나다.

속뜻 어떤 일의 흑막이 걷히고 진상이 드러나다.

송나라 蘇軾(소식)이 임술년 초가을에 배를 띄워 赤壁江(적벽강)에서 노닐며 지은 「前赤壁賦(전적벽부)」에 "계수나무 노와 목란 상앗대로 맑은 물결을 치며 달빛 흐르는 강물을 거슬러 올라간다.[桂棹兮蘭槳(계도혜란장) 擊空明兮泝流光(격공명혜소류광)]"라고 하였는데, 3개월이 지나 늦가을이 되어 다시 찾았을 때는 적벽의 경관이 달라져 있었다. 그리하여 「後赤壁賦(후적벽부)」에서는 "다시 적벽 아래서 노니는데, '강물은 소리 내어 흐르고, 깎아지른 언덕은 천 길이나 되며, 산이 높아 달은 작아 보이고, 강물은 줄어서 돌이 드러나도다.[江流有聲(강류유성), 斷岸千尺(단안천척), 山高月小(산고월소), 水落石出(수락석출)]' 일찍이 세월이 얼마나 지났기에 강산을 다시 기억할 수 없단 말인가?"라고 하였다.

여기에서는 '水落石出(수락석출)'이 강물이 줄어들어 돌이 드러나는 경관을 묘사하는 말로 쓰였는데, 훗날 물이 줄어들어 돌이 드러나게 되는 것처럼, 어떤 일을 가리고 있던 흑막이 걷히고서 진상이 드러나는 것을 비유하는 말로도 쓰이게 되었다.

* 출전 : 『古文眞寶後集(고문진보후집)』 「後赤壁賦(후적벽부)」

## 한시 읽기

한자 익히기

- □ 雀 작 참새
- □ 鰥 환 홀아비
- □ 耘 운 김매다
- □ 耗 모 소비하다
- □ 黍 서 기장

참새는 어디에서 오고 가며 나는가

일 년 지낸 농사는 알지도 못하면서

혼자 사는 늙은이 홀로 다 일궈 놓았거늘

그 밭의 벼와 기장 다 쓸어 버렸네

黃雀何方來去飛
황 작 하 방 래 거 비

一年農事不曾知
일 년 농 사 부 증 지

鰥翁獨自耕耘了
환 옹 독 자 경 운 료

耗盡田中禾黍爲
모 진 전 중 화 서 위

* 출전 : 李齊賢(이제현, 1287~1367), 「沙里花(사리화)」

## 마무리 과제

세상을 살아가는 자세에 대한 자신의 생각을 담아, 說(설)을 지어 봅시다.

## 한자 쓰기

| 한자 | 음·뜻 | | | |
|---|---|---|---|---|
| 塵 | **진** 티끌<br>흙토(土)부 [3土11 총14획] | 塵 | 塵 | |
| 埃 | **애** 먼지<br>흙토(土)부 [3土7 총10획] | 埃 | 埃 | |
| 侵 | **침** 침범하다<br>사람인변(亻)부 [2亻7 총9획] | 侵 | 侵 | |
| 蝕 | **식** 좀먹다<br>벌레충(虫)부 [6虫9 총15획] | 蝕 | 蝕 | |
| 翳 | **예** 가리다<br>깃우(羽)부 [6羽11 총17획] | 翳 | 翳 | |
| 掩 | **엄** 가리다<br>재방변(扌)부 [3扌8 총11획] | 掩 | 掩 | |
| 飾 | **식** 꾸미다<br>먹을식(食)부 [8食5 총13획] | 飾 | 飾 | |
| 鑒 | **감** 비추다<br>쇠금(金)부 [8金14 총22획] | 鑒 | 鑒 | |
| 濛 | **몽** 흐릿하다<br>삼수변(氵)부 [3氵14 총17획] | 濛 | 濛 | |
| 霧 | **무** 안개<br>비우(雨)부 [8雨11 총19획] | 霧 | 霧 | |

| 한자 | 음 | 뜻 | 부수 | 따라 쓰기 | 따라 쓰기 |
|---|---|---|---|---|---|
| 炤 | 소 | 비추다 | 불화(火)부 [4火5 총9획] | 炤 | 炤 |
| 姸 | 연 | 어여쁘다 | 여자녀(女)부 [3女6 총9획] | 姸 | 姸 |
| 醜 | 추 | 못생기다 | 닭유(酉)부 [7酉10 총17획] | 醜 | 醜 |
| 碎 | 쇄 | 부수다 | 돌석(石)부 [5石8 총13획] | 碎 | 碎 |
| 磨 | 마 | 갈다 | 돌석(石)부 [5石11 총16획] | 磨 | 磨 |
| 拭 | 식 | 닦다 | 재방변(扌)부 [3扌6 총9획] | 拭 | 拭 |
| 雀 | 작 | 참새 | 새추(隹)부 [8隹3 총11획] | 雀 | 雀 |
| 鰥 | 환 | 홀아비 | 물고기어(魚)부 [11魚10 총21획] | 鰥 | 鰥 |
| 耘 | 운 | 김매다 | 쟁기뢰(耒)부 [6耒4 총10획] | 耘 | 耘 |
| 耗 | 모 | 소비하다 | 쟁기뢰(耒)부 [6耒4 총10획] | 耗 | 耗 |
| 黍 | 서 | 기장 | 기장서(黍)부 [12黍0 총12획] | 黍 | 黍 |

# 제14강 더 높이 더 멀리 보라



## 여러 가지 이야기 (1)

거미는 공중에 그물을 쳐서 날것들을 엿보는데, 작은 것으로는 모기·파리에서 큰 것으로는 매미·제비에 이르기까지 거미줄로 잡아서 배를 채우지 않음이 없다. 한번은 벌이 거미줄에 걸렸다. 그런데 거미가 그 벌을 급히 거미줄로 동여매다가 갑자기 땅에 떨어져 배가 터져 죽었다. 벌침에 쏘인 것이다. 어떤 아이가 벌이 거미줄에서 미처 벗어나지 못한 것을 보고 손으로 풀어 주려고 하는데 벌이 또 침을 쏘았다. 그러자 아이는 화가 나서 벌을 발로 밟아 뭉개 버렸다.

아! 거미는 날아다니는 온갖 것을 거미줄로 다 잡는 솜씨만 믿고 벌이 침을 쏠 수 있다는 생각은 못 하였고, 벌은 침 쏘는 것만을 능사로 여겨 자신을 해치려는 사람과 구해 주려는 사람을 가리지 않고 만나는 족족 반드시 그것을 쏘아 자기를 구해 주려던 사람이 도리어 자기를 해치도록 만들었다. 아이는 거미가 지게 된 것을 다행으로 여길 뿐 벌이 나쁠 수 있다는 것은 생각지 못하였고, 벌이 곤경에서 벗어나기만을 바랄 뿐 독침을 쏘는 벌의 성질이 또한 사람을 해칠 수 있음은 헤아리지 못하였다.

천하의 일이 어찌 이와 같을 뿐이겠는가?

# 雜 說 (一)
잡 설 일

蛛張網于空, 以伺群飛, 小而蚊蠅, 大而蟬燕,
주 장 망 우 공 이 사 군 비 소 이 문 승 대 이 선 연

無不取以充腹. 有蜂罥焉, 蛛急縛之, 忽墮地脹
무 불 취 이 충 복 유 봉 견 언 주 급 박 지 홀 타 지 창

以死, 盖爲其所螫也. 童見蜂之未脫也, 欲手解,
이 사 개 위 기 소 석 야 동 견 봉 지 미 탈 야 욕 수 해

則又螫之, 童怒而蹴靡之. 嗟乎! 蛛徒恃其巧之
즉 우 석 지 동 노 이 축 미 지 차 호 주 도 시 기 교 지

可以網盡翾飛, 而不知蜂之能螫, 蜂徒以螫爲
가 이 망 진 현 비 이 부 지 봉 지 능 석 봉 도 이 석 위

能, 而不擇害己者與救己者, 而逢必螫之, 以致
능 이 불 택 해 기 자 여 구 기 자 이 봉 필 석 지 이 치

救己者之反害己. 童徒幸蛛之見敗, 而不思蜂之
구 기 자 지 반 해 기 동 도 행 주 지 견 패 이 불 사 봉 지

可惡, 欲其脫於困, 而不虞毒螫之性, 亦能害人.
가 악 욕 기 탈 어 곤 이 불 우 독 석 지 성 역 능 해 인

天下之事, 奚但如斯而已也?
천 하 지 사 해 단 여 사 이 이 야

한자 익히기

- ☐ 蛛 주 거미
- ☐ 張 장 베풀다
- ☐ 伺 사 엿보다
- ☐ 蚊 문 모기
- ☐ 蠅 승 파리
- ☐ 蟬 선 매미
- ☐ 罥 견 얽다
- ☐ 縛 박 동여매다
- ☐ 墮 타 떨어지다
- ☐ 脹 창 부풀다
- ☐ 螫 석 쏘다
- ☐ 蹴 축 밟다
- ☐ 靡 미 스러지다
- ☐ 恃 시 믿다
- ☐ 翾 현 날다
- ☐ 虞 우 헤아리다
- ☐ 奚 해 어찌

## 여러 가지 이야기 (2)

고양이를 좋아하는 어떤 사람이 고양이 두세 마리를 키우고 있었다. 그중 한 마리는 낮이면 늘 잠만 자고 밤이면 여기저기 돌아다니며 쥐를 잡았다. 그러나 사람들은 이 고양이가 쥐 잡는 모습을 보지 못하였기 때문에 이 고양이를 무능하다고 생각하였다. 다른 고양이는 밤이면 사람 곁에서 잠을 자고 낮에 간혹 쥐를 잡으면 반드시 물어다가 사람 앞에 두고 쥐를 가지고 놀며 웃음거리를 제공하였다. 집안사람들은 모두 그것을 기특하게 여겨 비록 그 고양이가 음식을 훔치고 닭을 물어뜯는 습관이 있어도 꾸짖지 않았다. 쥐들은 밤에 사냥하는 고양이 때문에 죽지 않으면 모두 멀리 달아나 근심이 마침내 끊어졌는데, 사람들은 이것을 다른 고양이의 공이라 생각하고 드디어 밤에 사냥하는 고양이를 매질하여 내쫓았다. 그러자 쥐들이 몰려들어 와 다시 쥐가 들끓었다. 지혜로운 사람에게 선택하게 한다면 내쫓긴 한 마리를 키우려 할까, 아니면 나머지 고양이를 키우려 할까?

# 雜說(二)
잡설 이

人有愛猫者, 畜數三猫, 其一猫晝常眠, 夜輒周
인유애묘자 휵수삼묘 기일묘주상면 야첩주

行以扼鼠, 人未之見, 以爲無能也. 他猫則夜眠
행이액서 인미지견 이위무능야 타묘즉야면

於人側, 晝或得鼠, 必銜致人前, 舞弄之, 以供翫
어인측 주혹득서 필함치인전 무농지 이공완

笑. 家人皆奇之, 雖有竊饌噬鷄之習, 而不之罪
소 가인개기지 수유절찬서계지습 이부지죄

也. 鼠以一猫夜獵之故, 不死則皆遠避, 患遂絶.
야 서이일묘야렵지고 불사즉개원피 환수절

人以爲他猫之功, 遂笞其一猫而放之. 鼠乃相率
인이위타묘지공 수태기일묘이방지 서내상솔

而來, 不可復禁. 使知者擇之, 寧畜其一猫耶?
이래 불가부금 사지자택지 녕휵기일묘야

將畜其餘猫耶?
장휵기여묘야

한자 익히기

- □ 猫 묘 고양이
- □ 畜 휵 기르다
- □ 眠 면 잠자다
- □ 輒 첩 문득
- □ 扼 액 잡다
- □ 鼠 서 쥐
- □ 銜 함 물다
- □ 翫 완 놀다
- □ 竊 절 훔치다
- □ 饌 찬 음식
- □ 噬 서 씹다

## 여러 가지 이야기 (3)

어떤 사람이 남에게서 강아지를 얻어 와 키우기 시작했는데, 강아지가 작고 또 새로 왔기 때문에 자주 먹이를 주고 늘 어여삐 어루만져 주었다. 그 집에는 늙은 개가 있었는데, 속으로는 질투하면서도 겉으로는 아끼는 듯 볼 때마다 핥아 주고 보듬어 주며 벼룩과 파리를 물어 내 주기도 하였으니, 이 때문에 주인은 늙은 개를 의심하지 않았다. 그런데 며칠 뒤에 늙은 개가 마침내 주인이 곤히 잠든 밤을 틈타 강아지의 목을 바로 물어 죽이고 물어다 대문 밖에 내놓았다. 이튿날 주인이 일어나자 늙은 개는 주인의 옷자락을 끌어당겨 강아지가 있는 곳에 이르러서 슬피 울며 강아지를 가리켜 보였다. 속으로는 죽이고 싶은 마음을 품었으면서도 겉으로는 아끼는 시늉을 하여 주인이 의심하지 않게 만들고, 악독한 계획을 실행한 뒤에는 또 강아지의 죽음이 자기 때문이 아닌 것처럼 꾸몄으니 교활하도다. 개도 그러한데 하물며 사람은 어떠하랴!

# 雜說(三)

잡 설 삼

人有得狗兒於人, 將畜之, 爲其小且新來, 頻與
인 유 득 구 아 어 인 장 휵 지 위 기 소 차 신 래 빈 여

之食, 每憐撫之. 家有老狗, 陰恨而陽愛, 見輒
지 식 매 련 무 지 가 유 노 구 음 한 이 양 애 견 첩

舐抱, 且爲之齧蚤蠅, 人不疑之. 居數日, 狗乃
지 포 차 위 지 설 조 승 인 불 의 지 거 수 일 구 내

夜乘人睡熟, 直牙其吭, 殺之, 銜以出諸門外.
야 승 인 수 숙 직 아 기 항 살 지 함 이 출 저 문 외

及明人起, 狗牽人衣, 至狗兒處, 哀鳴指示. 夫內
급 명 인 기 구 견 인 의 지 구 아 처 애 명 지 시 부 내

懷欲殺之心, 而外示憐愛, 使人不疑, 旣售其毒,
회 욕 살 지 심 이 외 시 련 애 사 인 불 의 기 수 기 독

又若其死之不由於己, 狡哉! 狗且然, 況人乎?
우 약 기 사 지 불 유 어 기 교 재 구 차 연 황 인 호

* 출전 : 尹愭(윤기), 『無名子集(무명자집)』

한자 익히기

- 狗 구 개
- 頻 빈 자주
- 撫 무 어루만지다
- 舐 지 핥다
- 齧 설 물다
- 蚤 조 벼룩
- 吭 항 목
- 狡 교 교활하다

## 이해와 감상

잡설

세 편의 이야기는 그물질하는 거미와 침을 가진 벌과 식견이 없는 아이, 묵묵히 쥐를 잡는 고양이와 그것을 이용하는 고양이, 주인의 사랑을 받는 강아지와 그를 시기하고 질투하며 교활한 술수를 부리는 늙은 개의 우화를 통해 우리에게 교훈을 준다. 원대한 안목 없이 근시안적인 생각으로 눈앞에 있는 이익만 보고 판단하는 어리석음을 깨우치는 이야기이다. 이면을 보지 못하고 단순하게 보이는 것만으로 생각하고 판단하여 스스로 피해를 입거나 잘못된 선택을 하고 더 큰 난관과 불행에 봉착하게 된다. 미물조차도 그 생리와 권모술수가 이러한데, 사람은 어떠하겠냐는 것이다. 한나라 劉向(유향)의 『說苑(설원)』에 나오는 매미와 사마귀와 참새 그리고 포수의 이야기와 유사하다.

## 보충 자료

잡설

- **尹愭** 윤기 | 1741(영조 17)~1826(순조 26). 자는 敬夫(경부), 호는 無名子(무명자)이다. 李瀷(이익)을 사사하였다. 벼슬이 호조참의에까지 이르렀고, 『정조실록』의 편찬관을 역임하였다. 저서로는 『무명자집』이 있다.

- **『無名子集** 무명자집**』** | 尹愭(윤기)의 시문집으로, 20권 20책으로 구성되어 있다.

| 食 | 言 |
|---|---|
| 식 먹다 | 언 말씀 |

겉뜻　말을 먹다.

속뜻　말을 번복하거나 약속을 지키지 않다.

『春秋左氏傳(춘추좌씨전)』 哀公(애공) 25년 조에 다음과 같은 기록이 있다.

춘추시대 魯(노)나라 哀公(애공)이 越(월)나라에서 돌아왔을 때에 季康子(계강자)와 孟武伯(맹무백) 같은 대신 몇몇이 멀리 五梧(오오)까지 마중을 나와 애공을 위한 잔치를 열었다. 이에 앞서 애공의 수레를 모는 郭重(곽중)은 계강자와 맹무백이 임금의 흉을 본다고 일러바쳤다.

두 대신이 자신을 헐뜯는다는 사실을 애공이 이미 알고 있었고, 곽중이 그 일을 일러바쳤다는 것을 계강자와 맹무백 역시 알고 있었기에 겉으로는 축하연을 벌인 듯 하였으나 그 술자리는 사실 유쾌할 수만은 없었다.

맹무백이 곽중에게 "공은 그동안 몸이 많이 부해졌구려." 하고 놀리자, 애공이 맹무백의 말을 받아 "곽공이 그럴 수밖에요. 이 사람이 그대들이 한 말을 많이 먹었으니 살이 찔 수밖에 없었겠지."라고 하며 두 대신들이 자신을 험담한 것을 꼬집었고, 계강자와 맹무백은 애공을 더욱 못마땅하게 여겼다.

이보다 앞선 기록으로 『書經(서경)』에 殷(은)나라 탕왕이 夏(하)나라 桀王(걸왕)을 정벌하기 위해 군사를 일으켰을 때 사람들에게 걸왕을 벌하겠다는 맹세를 하며 "나는 말을 먹지 않는다.[朕不食言(짐불식언)]"라고 하였는데, 여기에서 처음으로 '食言(식언)'이라는 말이 쓰였으니, 약속한 말을 반드시 지킨다는 뜻이다.

＊ 출전 : 『春秋左氏傳(춘추좌씨전)』

## 한시 읽기

한자 익히기

- 乍 사 잠깐
- 晴 청 개다
- 譽 예 칭찬하다
- 毁 훼 헐다
- 逃 도 달아나다
- 謝 사 시들다
- 管 관 주관하다
- 寄 기 부치다

| | |
|---|---|
| 잠시 개었다 비 오더니 비 오다 또 개었네 | 乍晴乍雨雨還晴<br>사 청 사 우 우 환 청 |
| 천도가 오히려 그렇거늘 하물며 세상 인정임에랴 | 天道猶然況世情<br>천 도 유 연 황 세 정 |
| 나에 대한 칭찬이 곧 비방으로 바뀌고 | 譽我便應還毁我<br>예 아 편 응 환 훼 아 |
| 명성을 피한다더니 도리어 절로 명성을 구하네 | 逃名却自爲求名<br>도 명 각 자 위 구 명 |
| 꽃이 피고 짐이 봄에게 무슨 상관이랴 | 花開花謝春何管<br>화 개 화 사 춘 하 관 |
| 구름이 가고 와도 산은 다투지 않네 | 雲去雲來山不爭<br>운 거 운 래 산 부 쟁 |
| 세인들에게 말하노니 모름지기 잘 알아 두게 | 寄語世人須記認<br>기 어 세 인 수 기 인 |
| 어디서건 기쁨을 취한다면 평생 득이 됨을 | 取歡無處得平生<br>취 환 무 처 득 평 생 |

* 출전 : 金時習(김시습, 1435~1493), 「乍晴乍雨(사청사우)」

## 마무리 과제

나의 장단점에 대해 생각해 보고, 한자성어를 이용하여 '자기소개서'를 작성해 봅시다.

# 한자 쓰기

| 한자 | 음·뜻 | 부수·획수 | 쓰기 | 쓰기 |
|---|---|---|---|---|
| 蛛 | 주 거미 | 벌레충(虫)부 [6虫6 총12획] | 蛛 | 蛛 |
| 張 | 장 베풀다 | 활궁(弓)부 [3弓8 총11획] | 張 | 張 |
| 伺 | 사 엿보다 | 사람인변(亻)부 [2亻5 총7획] | 伺 | 伺 |
| 蚊 | 문 모기 | 벌레충(虫)부 [6虫4 총10획] | 蚊 | 蚊 |
| 蠅 | 승 파리 | 벌레충(虫)부 [6虫13 총19획] | 蠅 | 蠅 |
| 蟬 | 선 매미 | 벌레충(虫)부 [6虫12 총18획] | 蟬 | 蟬 |
| 罥 | 견 얽다 | 그물망(网)부 [5罒7 총12획] | 罥 | 罥 |
| 縛 | 박 동여매다 | 실사(糸)부 [6糸10 총16획] | 縛 | 縛 |
| 墮 | 타 떨어지다 | 흙토(土)부 [3土12 총15획] | 墮 | 墮 |
| 脹 | 창 부풀다 | 고기육(肉)부 [4月8 총12획] | 脹 | 脹 |

| 한자 | 음·훈 | 부수 |
|---|---|---|
| 螫 | 석 쏘다 | 벌레충(虫)부 [6虫11 총17획] |
| 蹴 | 축 밟다 | 발족(⻊)부 [7⻊12 총19획] |
| 靡 | 미 스러지다 | 아닐비(非)부 [8非11 총19획] |
| 恃 | 시 믿다 | 심방변(忄)부 [3忄6 총9획] |
| 翾 | 현 날다 | 깃우(羽)부 [6羽13 총19획] |
| 虞 | 우 헤아리다 | 범호밑(虍)부 [6虍7 총13획] |
| 奚 | 해 어찌 | 큰대(大)부 [3大7 총10획] |
| 猫 | 묘 고양이 | 개사슴록변(犭)부 [3犭9 총12획] |
| 畜 | 휵 기르다 | 밭전(田)부 [5田5 총10획] |
| 眠 | 면 잠자다 | 눈목(目)부 [5目5 총10획] |

| 한자 | 음·뜻 | 부수·획수 | 따라 쓰기 | |
|---|---|---|---|---|
| 輒 | 첩 문득 | 수레거(車)부 [7車7 총14획] | 輒 | 輒 |
| 扼 | 액 잡다 | 재방변(扌)부 [3扌4 총7획] | 扼 | 扼 |
| 鼠 | 서 쥐 | 쥐서(鼠)부 [13鼠0 총13획] | 鼠 | 鼠 |
| 銜 | 함 물다 | 쇠금(金)부 [8金6 총14획] | 銜 | 銜 |
| 翫 | 완 놀다 | 깃우(羽)부 [6羽9 총15획] | 翫 | 翫 |
| 竊 | 절 훔치다 | 구멍혈(穴)부 [5穴17 총22획] | 竊 | 竊 |
| 饌 | 찬 음식 | 먹을식(食)부 [8食13 총21획] | 饌 | 饌 |
| 噬 | 서 씹다 | 입구(口)부 [3口13 총16획] | 噬 | 噬 |
| 狗 | 구 개 | 개사슴록변(犭)부 [3犭5 총8획] | 狗 | 狗 |
| 頻 | 빈 자주 | 머리혈(頁)부 [9頁7 총16획] | 頻 | 頻 |

| 한자 | 음·뜻 | 부수·획수 |
|---|---|---|
| 撫 | **무** 어루만지다 | 재방변(扌)부 [3扌12 총15획] |
| 舐 | **지** 핥다 | 혀설(舌)부 [6舌4 총10획] |
| 齧 | **설** 물다 | 이치(齒)부 [15齒6 총21획] |
| 蚤 | **조** 벼룩 | 벌레충(虫)부 [6虫4 총10획] |
| 吭 | **항** 목 | 입구(口)부 [3口4 총7획] |
| 狡 | **교** 교활하다 | 개사슴록변(犭)부 [3犭6 총9획] |
| 乍 | **사** 잠깐 | 삐침별(丿)부 [1丿4 총5획] |
| 晴 | **청** 개다 | 날일(日)부 [4日8 총12획] |
| 譽 | **예** 칭찬하다 | 말씀언(言)부 [7言14 총21획] |
| 毁 | **훼** 헐다 | 갖은등글월문(殳)부 [4殳9 총13획] |

| | | | | | | |
|---|---|---|---|---|---|---|
| 逃 | **도** 달아나다<br>책받침(辶)부 [3辶6 총9획] | 逃 | 逃 | | | |
| 丿 丬 爿 兆 兆 兆 兆 洮 逃 | | | | | | |
| 謝 | **사** 시들다<br>말씀언(言)부 [7言10 총17획] | 謝 | 謝 | | | |
| 丶 亠 亡 亠 言 言 言 言 訁 訂 訂 訂 訂 訂 謃 謝 謝 | | | | | | |
| 管 | **관** 주관하다<br>대죽(竹)부 [6竹8 총14획] | 管 | 管 | | | |
| ⺈ ⺈ ⺮ 竹 竹 竹 竺 竺 笁 笁 笎 管 管 管 | | | | | | |
| 寄 | **기** 부치다<br>갓머리(宀)부 [3宀8 총11획] | 寄 | 寄 | | | |
| 丶 冖 宀 宀 宀 宀 宊 寄 寄 寄 寄 | | | | | | |

# 연습하기

# 제15강 지도자에게 바라다

지도자에게 바라다

○ 제나라 경공이 공자께 정치에 대하여 묻자 공자께서 대답하셨다. "임금은 임금다워야 하고, 신하는 신하다워야 하고, 아비는 아비다워야 하고, 자식은 자식다워야 합니다." 제나라 경공이 말하였다. "좋은 말씀입니다. 진실로 만일 임금이 임금답지 못하고, 신하가 신하답지 못하며, 아비가 아비답지 못하고, 자식이 자식답지 못하면, 비록 곡식이 있은들 내가 그것을 먹을 수 있겠습니까?"

○ 천하에 두려워해야 할 바는 오직 백성일 뿐이다. 백성이 두려울 만함은 홍수나 화재, 호랑이, 표범보다도 더 심한 점이 있다.

○ 옛날에 신하가 된 이들을 보면, 차라리 임금의 총애를 얻지 못할지언정 감히 백성에게 원망은 사지 않으려 하였으니 작록은 급하게 여긴 바가 아니었으며, 차라리 지금 칭찬을 받지 못할지언정 감히 후세에 비난을 받지 않으려고 하였으니 공업은 따질 바가 아니었다.

○ 공자께서 말씀하셨다. "백성에게 친애를 가르치는 데는 효보다 좋은 것이 없고, 백성에게 예의와 순종을 가르치는 데는 공경하는 것보다 좋은 것이 없으며, 풍속을 고쳐 옮기는 데는 음악보다 좋은 것이 없고, 위를 편안하게 하고 백성을 다스리는 데는 예보다 좋은 것이 없다."

○ 齊景公問政於孔子, 孔子對曰: "君君, 臣臣,
제 경 공 문 정 어 공 자 공 자 대 왈 군 군 신 신

父父, 子子." 公曰: "善哉! 信如君不君, 臣不
부 부 자 자 공 왈 선 재 신 여 군 불 군 신 불

臣, 父不父, 子不子, 雖有粟, 吾得而食諸?"
신 부 불 부 자 부 자 수 유 속 오 득 이 식 저

＊ 출전 : 『論語(논어)』

○ 天下之所可畏者, 唯民而已. 民可畏, 有甚於水
천 하 지 소 가 외 자 유 민 이 이 민 가 외 유 심 어 수

火虎豹.
화 호 표

＊ 출전 : 『惺所覆瓿藁(성소부부고)』

○ 古之爲臣者, 寧不得於君, 不敢取怨於民, 爵祿
고 지 위 신 자 녕 부 득 어 군 불 감 취 원 어 민 작 록

非所急也, 寧不譽於今, 不敢取譏於後, 功業非
비 소 급 야 녕 불 예 어 금 불 감 취 기 어 후 공 업 비

所計也.
소 계 야

＊ 출전 : 『稼亭集(가정집)』

○ 子曰: "教民親愛, 莫善於孝, 教民禮順, 莫善於
자 왈 교 민 친 애 막 선 어 효 교 민 예 순 막 선 어

悌, 移風易俗, 莫善於樂, 安上治民, 莫善於禮."
제 이 풍 역 속 막 선 어 악 안 상 치 민 막 선 어 례

＊ 출전 : 『孝經(효경)』

**한자 익히기**

- ☐ 善 선 좋다
- ☐ 畏 외 두려워하다
- ☐ 豹 표 표범
- ☐ 寧 녕 차라리
- ☐ 怨 원 원망하다
- ☐ 爵 작 벼슬
- ☐ 祿 록 녹봉
- ☐ 譏 기 나무라다
- ☐ 移 이 옮기다

○ 백성을 사랑하는 근본은 비용을 절약하는 데 있고, 비용을 절약하는 근본은 검소한 데 있다. 검소한 뒤에야 청렴하고, 청렴한 뒤에야 자애로울 수 있으니, 검소함이야말로 백성을 다스리는 데 맨 먼저 힘써야 할 것이다.

○ 판서 홍담이 일찍이 말하였다. "상신은 임금을 일반 사람으로 섬기고, 중신은 임금을 자기 몸으로 섬기고, 하신은 임금을 재물로써 섬긴다. 나는 비록 상신은 되지 못하였으나, 원컨대 중신이 됨을 잃지 않기 바란다."

○ 임금 섬기기를 어버이를 섬기듯이 하며, 윗사람 섬기기를 형을 섬기듯이 하며, 동료와 더불어 어울리기를 집안사람같이 하며, 여러 아전 대하기를 자기 집 노복같이 하며, 백성을 사랑하기를 처자같이 하며, 관직의 일 처리하기를 내 집안일처럼 하고 난 연후에야 능히 내 마음을 다했다 할 것이다. 만약 털끝만치라도 이에 이르지 못함이 있으면 모두 내 마음에 미진한 바가 있는 것이다.

○ 무릇 믿음이란 임금의 큰 보배이다. 나라는 백성들에 의해 보호되고 백성들은 믿음에 의해 보호된다.

○ 愛民之本, 在於節用, 節用之本, 在於儉. 儉而
애 민 지 본 재 어 절 용 절 용 지 본 재 어 검 검 이

後能廉, 廉而後能慈, 儉者, 牧民之首務也.
후 능 렴 렴 이 후 능 자 검 자 목 민 지 수 무 야

＊ 출전 : 「牧民心書(목민심서)」

○ 洪判書曇, 嘗曰: "上臣事君以人, 中臣事君以身,
홍 판 서 담 상 왈 상 신 사 군 이 인 중 신 사 군 이 신

下臣事君以貨. 余雖不得爲上臣, 願無失爲中臣."
하 신 사 군 이 화 여 수 부 득 위 상 신 원 무 실 위 중 신

＊ 출전 : 「芝峰類說(지봉유설)」

○ 事君如事親, 事官長如事兄, 與同僚如家人,
사 군 여 사 친 사 관 장 여 사 형 여 동 료 여 가 인

待群吏如奴僕, 愛百姓如妻子, 處官事如家事,
대 군 리 여 노 복 애 백 성 여 처 자 처 관 사 여 가 사

然後, 能盡吾之心. 如有毫末不至, 皆吾心有
연 후 능 진 오 지 심 여 유 호 말 부 지 개 오 심 유

所未盡也.
소 미 진 야

＊ 출전 : 「下學指南(하학지남)」

○ 夫信者, 人君之大寶也. 國保於民, 民保於信.
부 신 자 인 군 지 대 보 야 국 보 어 민 민 보 어 신

＊ 출전 : 「資治通鑑(자치통감)」

한자 익히기

- □ 節 절 절약하다
- □ 廉 렴 청렴하다
- □ 牧 목 다스리다
- □ 貨 화 재화
- □ 事 사 섬기다
- □ 僚 료 동료
- □ 毫 호 터럭

# 백성을 사랑하라

서경에 "백성은 나라의 근본이니 근본이 견고해야 나라가 평안하다."라고 하였다. 무릇 백성들이 추대하였고 그들이 살아가는 것이 비록 임금에게 의지하고 있지만 임금이 왕위에 있으면서 부리는 것은 실로 오직 백성뿐이다. 민심이 따라와 붙으면 만세토록 군주가 될 수 있지만 민심이 떠나 흩어지면 하루저녁도 채 안 되어 匹夫(필부)가 되고 만다. 군주와 필부 사이는 털끝만 한 차이로 서로 떨어져 있을 뿐이니 조심하지 않을 수 있겠는가? 이런 까닭에 倉廩(창름)과 府庫(부고)는 백성들의 몸이요, 의상과 冠(관)과 신발은 백성들의 살갗이요, 술과 음식은 백성들의 기름이요, 宮室(궁실)과 車馬(거마)는 백성들의 힘이요, 세금과 기물은 백성들의 피인 것이다. 백성들이 소득의 십분의 일을 내어 위에다 바치는 것은 임금으로 하여금 그 총명함을 이용하여 자신들을 다스리게 하려는 것이다.

# 愛民義
애 민 의

書曰, '民惟邦本, 本固邦寧.' 大抵民之推戴而以生者, 雖賴於君, 而君之莅御以使者, 實惟民庶. 民心歸附, 則可以萬世而爲君主, 民心離散, 則不待一夕而爲匹夫, 君主匹夫之間, 不啻毫釐之相隔, 可不愼哉? 是故, 倉廩府庫, 民之體也, 衣裳冠履, 民之皮也, 酒食飮膳, 民之膏也, 宮室車馬, 民之力也, 貢賦器用, 民之血也. 民出什一, 以奉乎上者, 欲使元后用其聰明, 以治乎我也.

서왈 민유방본 본고방녕 대저민지추대이이 생자 수뢰어군 이군지리어이사자 실유민서 민심귀부 즉가이만세이위군주 민심리산 즉 부대일석이위필부 군주필부지간 불시호리지 상격 가불신재 시고 창름부고 민지체야 의 상관리 민지피야 주식음선 민지고야 궁실거 마 민지력야 공부기용 민지혈야 민출십일 이봉호상자 욕사원후용기총명 이치호아야

한자 익히기

- 邦 방 나라
- 寧 녕 편안하다
- 推 추 밀다
- 戴 대 이다
- 賴 뢰 힘입다
- 莅 리 임하다
- 御 어 다스리다
- 庶 서 백성
- 匹 필 짝
- 毫 호 가는 털

그러므로 임금은 음식을 올리면 '백성들도 나처럼 음식을 얻을까' 생각하고, 옷을 바치면 '백성들도 나처럼 옷을 얻을까' 생각하고, 궁실에 거처할 적에 이르러서는 '백성들도 편안히 지내는가' 생각하고, 수레를 탈 적에는 '백성들도 평화롭고 행복하게 지내는가' 생각해야 한다. 그러므로 "너의 의복과 너의 음식은 백성들의 기름이다."라고 한 것이다. 평소에 봉양하는 것도 불쌍하고 민망하게 여겨야 될 것이거늘 어찌 함부로 무익한 일을 만들어 부역을 번거롭게 시키며 백성들의 농사 시기를 빼앗아 원망과 탄식을 일으키고 평화로운 기운을 상하게 하여 하늘의 재앙을 불러들여 기근에 시달리게 하며, 자애로운 어버이와 효성스런 자식들로 하여금 서로를 보전할 수가 없어서 유랑하며 흩어져 도망다니다가 도랑이나 골짜기에 엎어지고 나자빠져 죽어 가게 할 수 있단 말인가?

故人主進膳, 則思民之得食如我乎, 御衣, 則思
고 인 주 진 선 즉 사 민 지 득 식 여 아 호 어 의 즉 사

民之得衣如我乎, 乃至居宮室, 而思萬姓之按
민 지 득 의 여 아 호 내 지 거 궁 실 이 사 만 성 지 안

堵, 御車輿, 而思萬姓之和慶. 故曰, '爾服爾食,
도 어 거 여 이 사 만 성 지 화 경 고 왈 이 복 이 식

民膏民脂', 平常供御, 可矜可憫, 豈可妄作無益,
민 고 민 지 평 상 공 어 가 긍 가 민 기 가 망 작 무 익

煩力役, 奪民時, 起怨咨, 傷和氣, 召天災, 迫飢
번 력 역 탈 민 시 기 원 자 상 화 기 소 천 재 박 기

饉, 使慈親孝子, 不能相保, 流離散亡, 使顚仆
근 사 자 친 효 자 불 능 상 보 류 리 산 망 사 전 부

於溝壑乎?
어 구 학 호

＊ 출전 : 金時習(김시습), 「梅月堂集(매월당집)」

**한자 익히기**

- □ **膳** 선 반찬
- □ **膏** 고 기름
- □ **貢** 공 바치다
- □ **賦** 부 조세
- □ **器** 기 그릇
- □ **釐** 리 매우 작다
- □ **輿** 여 수레
- □ **脂** 지 기름
- □ **矜** 긍 불쌍히 여기다
- □ **憫** 민 근심하다
- □ **煩** 번 번거롭다
- □ **咨** 자 탄식하다
- □ **溝** 구 도랑
- □ **壑** 학 골짜기

## 이해와 감상

애민의

이 글은 매월당 김시습이 중국 역사서 『通鑑節要(통감절요)』를 읽고 쓴 논설이다. 한 국가를 경영하는 통치자의 올바른 자세는 무엇인가. 민본주의·민주주의를 근본으로 삼아 통치자는 백성의 안위를 생각하고 백성들이 잘 살 수 있도록 노력해야 한다. 김시습은 군주와 필부는 머리카락 차이[毫釐(호리)]이니, 한순간에 민심이 이반되지 않도록 백성을 사랑하고 백성이 본업에 충실할 수 있도록 하며 백성의 수고를 덜어 주어야 한다고 말한다. 특히 부정한 통치자와 부패한 지도자에 대한 백성의 인식이 어떠한지를 지적한 부분은 왕조 시절 위정자들의 가슴을 서늘하게 할 만한 논변이 아닐 수 없다. 뛰어난 머리로 세상을 속이고 백성들을 등친 부패한 관리들이 응당 새겨 들어야 할 말이다. 백성이 있어야 나라가 있다. 지도자라면 다음 장에 나오는 '與民同樂(여민동락)'이라는 성어의 의미를 깊이 되새겨 실천에 옮겨야 할 것이다.

## 보충 자료

애민의

- **金時習** 김시습 | 1435(세종 17)~1493(성종 24). 조선 초기의 학자·문인. 자는 悅卿(열경), 호는 梅月堂(매월당)·淸寒子(청한자)이다. 생육신의 한 사람이다.

- **『梅月堂集** 매월당집**』** | 김시습의 시문집으로, 김시습이 별세한 지 18년 뒤에 중종의 명으로 유고를 수집하기 시작하였다. 『매월당외집』 권1의 『금오신화』에는 우리나라 最古(최고)의 소설 5편이 실려 있다.

| 與 | 民 | 同 | 樂 |
|---|---|---|---|
| 여 더불어 | 민 백성 | 동 함께 | 락 즐기다 |

겉뜻 백성과 즐거움을 함께하다.

속뜻 백성과 同苦同樂(동고동락)하는 통치자의 자세.

『詩經(시경)』「大雅(대아) 靈臺(영대)」에 "영대를 세우려고 경영하시니, 백성들이 달려들어 하루도 못 되어 완성했네.[經始靈臺(경시영대) 經之營之(경지영지) 庶民攻之(서민공지) 不日成之(불일성지)]"라는 시가 있다. 이 시가 함축하고 있는 교훈은 仁政(인정)과 善政(선정)을 베풀고 백성들과 교감하며 그 아픔과 즐거움을 함께 느끼는 지도자라면 국가와 백성이 자연스럽게 다스려지고 감화되어 충성을 다한다는 것이다.

孟子(맹자)도 이 시를 인용하며 '백성들과 즐거움을 함께하는[與民同樂(여민동락)]' 자세의 중요성을 주장한 바 있다. 예컨대 『맹자』「梁惠王 下(양혜왕 하)」에서는 맹자가 齊 宣王(제 선왕)에게 "만약 왕께서 여기서 음악을 연주하시는데 백성들이 왕의 여러 가지 악기 소리를 듣고 모두 흔쾌히 기뻐하며 서로 '우리 왕께서 병이 나지는 않으셨나 보다. 그렇지 않다면 어떻게 음악을 연주하실 수 있겠는가?'라고 한다면…… 이는 다름이 아니라 백성들과 즐거움을 함께하시기 때문입니다."라고 하였다. 또 "지금 왕이 이곳에서 사냥을 한다면 백성들이 왕의 수레와 말발굽 소리를 듣고 깃발의 아름다움을 보고 모든 백성이 기쁜 마음으로 서로 이야기하기를 '우리 왕이 질병이 없는 것 같구나. 어찌 저리 사냥을 잘한단 말인가.'라고 하면 이것은 다름이 아니라 백성들과 기쁨을 함께했기 때문입니다. 지금 왕이 백성과 즐거움을 함께한다면 곧 천하의 왕이 될 것입니다."라고도 하였다.

* 출전 : 『孟子(맹자)』「梁惠王 下(양혜왕 하)」

## 한시 읽기

| | |
|---|---|
| 백성들의 어려움이여 백성들의 어려움이여 | 蒼生難蒼生難<br>창 생 난 창 생 난 |
| 흉년이 들어 너희에게 음식이 없구나 | 年貧爾無食<br>연 빈 이 무 식 |
| 나에겐 너희를 구제하고픈 마음 있어도 | 我有濟爾心<br>아 유 제 이 심 |
| 너희를 구제할 힘이 없도다 | 而無濟爾力<br>이 무 제 이 력 |
| 백성들의 괴로움이여 백성들의 괴로움이여 | 蒼生苦蒼生苦<br>창 생 고 창 생 고 |
| 날이 찬데 너희에겐 이불이 없구나 | 天寒爾無衾<br>천 한 이 무 금 |
| 저들에겐 너희를 구제할 힘이 있어도 | 彼有濟爾力<br>피 유 제 이 력 |
| 너희를 구제할 마음이 없도다 | 而無濟爾心<br>이 무 제 이 심 |
| 바라건대 소인의 속을 돌려놓아 | 願回小人腹<br>원 회 소 인 복 |
| 잠시 군자의 사려로 만들고 | 暫爲君子慮<br>잠 위 군 자 려 |
| 잠시 군자의 귀를 빌려주어 | 暫借君子耳<br>잠 차 군 자 이 |
| 백성들의 말을 한번 듣게 하길 | 試聽小民語<br>시 청 소 민 어 |
| 백성들이 말을 하여도 임금은 알지 못하니 | 小民有語君不知<br>소 민 유 어 군 부 지 |
| 올해엔 백성들이 모두 살 곳을 잃었네 | 今歲蒼生皆失所<br>금 세 창 생 개 실 소 |
| 대궐에선 비록 백성을 우려하는 조서 내렸으나 | 北闕雖下憂民詔<br>북 궐 수 하 우 민 조 |

| | |
|---|---|
| 고을에 전해져선 부질없는 종이 한 장을 볼 뿐 | 州縣傳看一虛紙<br>주 현 전 간 일 허 지 |
| 경관을 특파하여 백성들의 병폐 물으려고 | 特遣京官問民瘼<br>특 견 경 관 문 민 막 |
| 말 타고 날마다 삼백 리를 달려도 | 馹騎日馳三百里<br>일 기 일 치 삼 백 리 |
| 백성들은 문턱에 나설 힘조차 없으니 | 吾民無力出門限<br>오 민 무 력 출 문 한 |
| 어느 겨를에 만나서 마음을 터놓으리 | 何暇面陳心內事<br>하 가 면 진 심 내 사 |
| 비록 한 고을에 경관 한 명씩을 보내어도 | 縱使一郡一京官<br>종 사 일 군 일 경 관 |
| 경관은 듣는 귀가 없고 백성은<br>말할 입이 없으니 | 京官無耳民無口<br>경 관 무 이 민 무 구 |
| 회양의 급암을 다시 불러 일으켜 | 不如喚起汲淮陽<br>불 여 환 기 급 회 양 |
| 살아남은 외로운 백성 구하는 편이 나으리 | 未死孑遺猶可救<br>미 사 혈 유 유 가 구 |

＊ 출전 : 魚無迹(어무적), 「流民嘆(유민탄)」

한자 익히기

- ☐ **蒼生** **창생** 백성
- ☐ **濟** **제** 구제하다
- ☐ **衾** **금** 이불
- ☐ **暫** **잠** 잠시
- ☐ **借** **차** 빌리다
- ☐ **闕** **궐** 대궐
- ☐ **憂** **우** 근심
- ☐ **詔** **조** 조서
- ☐ **瘼** **막** 병들다
- ☐ **馹** **일** 역말
- ☐ **騎** **기** 말 타다
- ☐ **馳** **치** 달리다
- ☐ **陳** **진** 진술하다
- ☐ **縱使** **종사** 가령
- ☐ **喚** **환** 부르다
- ☐ **孑** **혈** 남다
- ☐ **汲淮陽** **급회양** 회양 태수를 지낸 汲黯(급암, ?~기원전 112)

# 마무리 과제

당신은 어떤 리더십을 가진 리더가 되고 싶습니까?
리더십과 관련된 명언을 찾아보고 내가 바라는 지도자의 요건을 적어 봅시다.

# 한자 쓰기

| 한자 | 음·뜻 | 부수·획수 | 따라 쓰기 | 따라 쓰기 |
|---|---|---|---|---|
| 善 | 선 좋다 | 입구(口)부 [3口9 총12획] | 善 | 善 |
| 畏 | 외 두려워하다 | 밭전(田)부 [5田4 총9획] | 畏 | 畏 |
| 豹 | 표 표범 | 발없는벌레치(豸)부 [7豸3 총10획] | 豹 | 豹 |
| 寧 | 녕 차라리 | 갓머리(宀)부 [3宀11 총14획] | 寧 | 寧 |
| 怨 | 원 원망하다 | 마음심(心)부 [4心5 총9획] | 怨 | 怨 |
| 爵 | 작 벼슬 | 손톱조(爪)부 [4爪14 총18획] | 爵 | 爵 |
| 祿 | 록 녹봉 | 보일시(示)부 [4示9 총13획] | 祿 | 祿 |
| 譏 | 기 나무라다 | 말씀언(言)부 [7言12 총19획] | 譏 | 譏 |
| 移 | 이 옮기다 | 벼화(禾)부 [5禾6 총11획] | 移 | 移 |
| 節 | 절 절약하다 | 대죽(竹)부 [6竹9 총15획] | 節 | 節 |

| 한자 | 음·뜻 | 부수·획수 | 따라 쓰기 | |
|---|---|---|---|---|
| 廉 | 렴 청렴하다 | 엄호(广)부 [3广10 총13획] | 廉 | 廉 |
| 牧 | 목 다스리다 | 소우(牛)부 [4牛4 총8획] | 牧 | 牧 |
| 貨 | 화 재화 | 조개패(貝)부 [7貝4 총11획] | 貨 | 貨 |
| 事 | 사 섬기다 | 갈고리궐(亅)부 [1亅7 총8획] | 事 | 事 |
| 僚 | 료 동료 | 사람인변(亻)부 [2亻12 총14획] | 僚 | 僚 |
| 毫 | 호 터럭 | 털모(毛)부 [4毛7 총11획] | 毫 | 毫 |
| 邦 | 방 나라 | 우부방(邑)부 [3阝4 총7획] | 邦 | 邦 |
| 寧 | 녕 편안하다 | 갓머리(宀)부 [3宀11 총14획] | 寧 | 寧 |
| 推 | 추 밀다 | 재방변(扌)부 [3扌8 총11획] | 推 | 推 |
| 戴 | 대 이다 | 창과(戈)부 [4戈13 총17획] | 戴 | 戴 |

| 漢字 | 음·뜻 | | |
|---|---|---|---|
| 賴 | **뢰** 힘입다<br>조개패(貝)부 [7貝9 총16획] | 賴 | 賴 |
| 莅 | **리** 임하다<br>초두머리(++)부 [4++7 총11획] | 莅 | 莅 |
| 御 | **어** 다스리다<br>두인변(彳)부 [3彳9 총12획] | 御 | 御 |
| 庶 | **서** 백성<br>엄호(广)부 [3广8 총11획] | 庶 | 庶 |
| 匹 | **필** 짝<br>터진입구(匚)부 [2匚2 총4획] | 匹 | 匹 |
| 毫 | **호** 가는 털<br>털모(毛)부 [4毛7 총11획] | 毫 | 毫 |
| 膳 | **선** 반찬<br>고기육(肉)부 [4月12 총16획] | 膳 | 膳 |
| 膏 | **고** 기름<br>고기육(肉)부 [4月10 총14획] | 膏 | 膏 |
| 貢 | **공** 바치다<br>조개패(貝)부 [7貝3 총10획] | 貢 | 貢 |
| 賦 | **부** 조세<br>조개패(貝)부 [7貝8 총15획] | 賦 | 賦 |

| 한자 | 음·뜻 | 부수·획수 | 따라 쓰기 | 따라 쓰기 |
| --- | --- | --- | --- | --- |
| 器 | 기 그릇 | 입구(口)부 [3口13 총16획] | 器 | 器 |
| 釐 | 리 매우 작다 | 마을리(里)부 [7里11 총18획] | 釐 | 釐 |
| 輿 | 여 수레 | 수레거(車)부 [7車10 총17획] | 輿 | 輿 |
| 脂 | 지 기름 | 고기육(肉)부 [4月6 총10획] | 脂 | 脂 |
| 矜 | 긍 불쌍히 여기다 | 창모(矛)부 [5矛4 총9획] | 矜 | 矜 |
| 憫 | 민 근심하다 | 심방변(忄)부 [3忄12 총15획] | 憫 | 憫 |
| 煩 | 번 번거롭다 | 불화(火)부 [4火9 총13획] | 煩 | 煩 |
| 咨 | 자 탄식하다 | 입구(口)부 [3口6 총9획] | 咨 | 咨 |
| 溝 | 구 도랑 | 삼수변(氵)부 [3氵10 총13획] | 溝 | 溝 |
| 壑 | 학 골짜기 | 흙토(土)부 [3土14 총17획] | 壑 | 壑 |

| 한자 | 음 / 뜻 | 부수 |
|---|---|---|
| 濟 | 제 구제하다 | 삼수변(氵)부 [3氵14 총17획] |
| 衾 | 금 이불 | 옷의(衣)부 [6衣4 총10획] |
| 暫 | 잠 잠시 | 날일(日)부 [4日11 총15획] |
| 借 | 차 빌리다 | 사람인변(亻)부 [2亻8 총10획] |
| 闕 | 궐 대궐 | 문문(門)부 [8門10 총18획] |
| 憂 | 우 근심 | 마음심(心)부 [4心11 총15획] |
| 詔 | 조 조서 | 말씀언(言)부 [7言5 총12획] |
| 瘼 | 막 병들다 | 병질엄(疒)부 [5疒11 총16획] |
| 馹 | 일 역말 | 말마(馬)부 [10馬4 총14획] |
| 騎 | 기 말타다 | 말마(馬)부 [10馬8 총18획] |

| 한자 | 음·뜻 | 쓰기 | 쓰기 | | | |
|---|---|---|---|---|---|---|
| 馳 | 치 달리다<br>말마(馬)부 [10馬3 총13획] | 馳 | 馳 | | | |
| 陳 | 진 진술하다<br>좌부방(阜)부 [3阝8 총11획] | 陳 | 陳 | | | |
| 喚 | 환 부르다<br>입구(口)부 [3口9 총12획] | 喚 | 喚 | | | |
| 孑 | 혈 남다<br>아들자(子)부 [3子0 총3획] | 孑 | 孑 | | | |

# 연습하기

# 제16강 내가 보는 세상은



## 『능양시집』 서문

달관한 사람에게는 괴이한 것이 없으나 속인들에게는 의심스러운 것이 많으니, 이른바 '본 것이 적으면 괴이하게 여기는 것이 많다'는 것이다. 그러나 어찌 달관한 사람이라 해서 사물마다 눈으로 다 보았겠는가. 한 가지를 들으면 눈앞에 열 가지를 그려 보고, 열 가지를 보면 마음속에 백 가지를 설정해 보니, 천만 가지 기괴한 것들이 도리어 사물에 잠시 붙은 것이며 자기 자신과는 아무런 상관이 없다. 따라서 마음이 한가롭게 여유가 있고 사물에 응수함이 무궁무진하다.

본 것이 적은 자는 해오라기를 기준으로 까마귀를 비웃고 오리를 기준으로 학을 위태롭다고 여기니, 그 사물 자체는 본디 괴이할 것이 없는데 자기 혼자 화를 내고, 한 가지 일이라도 자기 생각과 같지 않으면 만물을 모조리 모함하려 든다. 아! 저 까마귀를 보라. 그 깃털보다 더 검은 것이 없건만, 홀연 乳金(유금)빛이 번지기도 하고 다시 石綠(석록)빛을 반짝이기도 하며, 해가 비추면 자줏빛이 튀어 올라 눈이 어른거리다가 비췻빛으로 바뀐다. 그렇다면 내가 그 새를 '푸른 까마귀'라 불러도 될 것이고, '붉은 까마귀'라 불러도 역시 될 것이다. 저 새에게는 본래 일정한 빛깔이 없거늘, 내가 눈으로 보이는 것으로 먼저 그 빛깔을 정한 것이다. 어찌 단지 눈으로만 정했으리오. 보지 않고서 그 마음에서 먼저 정한 것이다.

# 菱洋詩集序
능 양 시 집 서

達士無所怪, 俗人多所疑, 所謂少所見, 多所怪
달 사 무 소 괴 속 인 다 소 의 소 위 소 소 견 다 소 괴

也. 夫豈達士者, 逐物而目覩哉? 聞一, 則形十
야 부 기 달 사 자 축 물 이 목 도 재 문 일 즉 형 십

於目, 見十, 則設百於心, 千怪萬奇, 還寄於物,
어 목 견 십 즉 설 백 어 심 천 괴 만 기 환 기 어 물

而己無與焉, 故心閒有餘, 應酬無窮. 所見少者,
이 기 무 여 언 고 심 한 유 여 응 수 무 궁 소 견 소 자

以鷺嗤烏, 以鳧危鶴, 物自無怪, 己迺生嗔, 一
이 로 치 오 이 부 위 학 물 자 무 괴 기 내 생 진 일

事不同, 都誣萬物. 噫! 瞻彼烏矣. 莫黑其羽, 忽
사 부 동 도 무 만 물 희 첨 피 오 의 막 흑 기 우 홀

暈乳金, 復耀石綠, 日映之而騰紫, 目閃閃而轉
훈 유 금 부 요 석 록 일 영 지 이 등 자 목 섬 섬 이 전

翠. 然則吾雖謂之蒼烏, 可也, 復謂之赤烏, 亦
취 연 즉 오 수 위 지 창 오 가 야 부 위 지 적 오 역

可也. 彼旣本無定色, 而我乃以目先定. 奚特定
가 야 피 기 본 무 정 색 이 아 내 이 목 선 정 해 특 정

於其目? 不覩, 而先定於其心.
어 기 목 부 도 이 선 정 어 기 심

한자 익히기

- 怪 괴 괴이하다
- 覩 도 보다
- 酬 수 갚다
- 鷺 로 해오라기
- 嗤 치 비웃다
- 鳧 부 오리
- 迺 내 이에
- 嗔 진 성내다
- 都 도 모두
- 暈 훈 해무리
- 乳 유 젖
- 耀 요 빛나다
- 騰 등 오르다
- 閃 섬 번쩍거리다
- 翠 취 푸르다
- 蒼 창 푸르다

내가 보는 세상은

아! 까마귀를 검은색으로 고정 짓는 것으로도 충분하거늘, 또다시 까마귀로써 천하의 모든 색을 고정 지으려 하는구나. 까마귀가 과연 검기는 하지만, 누가 다시 이른바 푸른빛과 붉은빛이 그 검은 색깔 안에 들어 있는 광채인 줄 알겠는가. 검은 것을 일러 '어둡다' 하는 것은 비단 까마귀만 알지 못하는 것이 아니라 검은 빛깔이 무엇인지도 모르는 것이다. 어째서인가? 물은 검기 때문에 비출 수가 있고, 옻칠은 검기 때문에 거울이 될 수 있기 때문이다. 그러므로 색깔이 있는 것치고 광채가 있지 않은 것이 없고, 형체가 있는 것치고 맵시가 있지 않은 것이 없다.

噫! 錮烏於黑, 足矣, 迺復以烏, 錮天下之衆色.
희　고 오 어 흑　족 의　내 부 이 오　고 천 하 지 중 색

烏果黑矣, 誰復知所謂蒼赤, 乃色中之光耶? 謂
오 과 흑 의　수 부 지 소 위 창 적　내 색 중 지 광 야　위

黑爲闇者, 非但不識烏, 並黑而不知也. 何則?
흑 위 암 자　비 단 불 식 오　병 흑 이 부 지 야　하 즉

水玄, 故能照, 漆黑, 故能鑑. 是故, 有色者, 莫
수 현　고 능 조　칠 흑　고 능 감　시 고　유 색 자　막

不有光, 有形者, 莫不有態.
불 유 광　유 형 자　막 불 유 태

* 출전 : 朴趾源(박지원), 『燕巖集(연암집)』

한자 익히기

- ☐ **錮** 고 고정시키다
- ☐ **闇** 암 어둡다
- ☐ **低** 저 낮다
- ☐ **漆** 칠 옻

## 이해와 감상

능양시집서

'세상에는 通達(통달)한 선비는 적고 俗人(속인)만 많다.'는 박지원의 말이다. 물질 문명의 발달은 지식 기반 사회를 만들어 냈고, 급변하는 시대와 지식 기반은 차원을 말하기 어려울 정도로 다원화되었다. 때문에 모든 분야에서 보이고 일어나는 형상과 현상만을 보고 그 실질을 놓치는 경우가 허다하다.

이 글에서는 마음으로 본 사물을 흥미로운 방법으로 그려 내고, 실물을 보는 방법론을 강조한다. 실물을 그려 내기 위하여 온갖 방법을 다 동원해야 한다. 사물의 형상과 현상을 그냥 살피는 것에 그치는 것이 아니라, 관념적 추론까지 필요하다. 사물에서 뜻을 찾는 법을 밝히고 있는데, 사물 인식의 자세는 현상을 깊이 있게 살피는 것에 그치지 않는다. 풍부한 지식을 바탕으로 하는 주관적 관념의 세계와 보편타당한 객관적 사물의 세계를 아우르는 것이다. 이를 통해 그 실질, 즉 진정한 '眞(진)'을 얻는다는 뜻이다. 그러기 위해서는 끊임없고 치열한 의식이 필요하고, 단순히 외형적이고 감성적 성질만을 摹寫(모사)하고 再現(재현)하는 데 그쳐서는 안 된다. 이것이 사물의 '참된 본질[眞的(진적)]'을 인식하는 방법이다. 나의 시각과 인식은 어떠한가. 끊임없는 공부와 다양한 견문을 통하여 보이지 않고 볼 수 없었던 실질을 마음속 깊이 통찰할 수 있어야 하지 않겠는가.

## 보충 자료

능양시집서

- **朴趾源** 박지원 | 1737(영조 13)~1805(순조 5). 자는 仲美(중미), 호는 燕巖(연암)으로, 조선 후기 실학자 겸 소설가이다. 청나라의 문물을 배워야 한다는 이른바 北學派(북학파)의 영수로, 이용후생의 실학을 강조하였으며, 특히 자유롭고 기발한 문체를 구사하여 여러 편의 한문소설을 발표하였다. 저서로는 『熱河日記(열하일기)』, 『燕巖集(연암집)』 등이 있다.

- **『燕巖集** 연암집**』** | 박지원의 시문집이다. 18세기에 와서 稗史小品類(패사소품류)의 영향을 받아 출현하기 시작한 한문단편과 그 특징을 같이하는 「兩班傳(양반전)」·「馬駔傳(마장전)」·「穢德先生傳(예덕선생전)」 등은 모두 당대 인간들의 삶의 현장을 사실적으로 그려 내면서, 친구와 사귐에 있어 잘못된 도리와 타락한 양반의 실상을 풍자적으로 고발하고 있다.

| 兎 | 死 | 狗 | 烹 |
|---|---|---|---|
| 토 토끼 | 사 죽다 | 구 개 | 팽 삶다 |

겉뜻 토끼가 죽으면 사냥개가 삶긴다.

속뜻 목적을 위해 이용한 뒤 쓸모없어지면 가차 없이 버려지다.

兎死狗烹(토사구팽)은 관련 고사가 『史記(사기)』와 『吳越春秋(오월춘추)』 등 여러 종의 역사서에 등장하는데, 대략의 내용은 다음과 같다.

越(월)나라 勾踐(구천)이 吳(오)나라와 다른 제후들을 평정하고 覇王(패왕)으로 칭해지자, 范蠡(범려)가 월나라를 떠나 齊(제)나라에 가서 대부 文種(문종)에게 편지를 써서 말하기를 "하늘을 나는 새가 다 잡히면 좋은 활은 거두어지고, 교활한 토끼가 모두 잡히면 사냥개는 삶아지는 법이오.[飛鳥盡 良弓藏(비조진 양궁장) 狡兎死 走狗烹(교토사 주구팽)]"라고 하였다.

훗날 漢(한)나라 淮陰侯(회음후) 韓信(한신)이 楚王(초왕)에 봉해진 후 초왕이 모반한다는 어떤 사람의 참소를 입고 고조에게 잡혀갔을 적에 이 고사를 인용하며 "교활한 토끼가 죽고 나면 훌륭한 사냥개가 삶기고, 높이 나는 새가 다하면 좋은 활이 갈무리되고, 적국이 멸망하고 나면 모신이 죽게 된다.[狡兎死 良狗烹(교토사 양구팽) 高鳥盡 良弓藏(고조진 양궁장) 敵國破 謀臣亡(적국파 모신망)]"라고 탄식했다고 한다.

흔히 '烹(팽) 당한다'라는 말 역시 바로 이 兎死狗烹(토사구팽)의 고사에서 나온 말이다. 이 외에도 狗烹(구팽), 鳥盡弓藏(조진궁장), 狗烹弓藏(구팽궁장), 敵國破 謀臣亡(적국파 모신망) 등의 유사 표현이 존재한다.

곧 필요할 때는 온갖 술수를 써서 이용하지만 목적을 달성한 뒤에 필요가 없어지면 결국 버리거나 내치는 상황, 혹은 그런 처지를 뜻한다.

＊출전 : 「通鑑節要(통감절요)」

## 한시 읽기

한자 익히기

- □ 蕩 탕 음탕하다
- □ 嬌 교 아리땁다
- □ 憐 련 어여삐 여기다
- □ 冶 야 꾸미다
- □ 針 침 바늘
- □ 粧 장 단장하다
- □ 管 관 피리
- □ 絃 현 줄
- □ 牽 견 끌다
- □ 芳 방 꽃답다
- □ 華 화 꽃
- □ 艶 염 곱다
- □ 却 각 도리어
- □ 機 기 틀
- □ 杼 저 북

| | |
|---|---|
| 강남은 풍속이 방탕하여 | 江南蕩風俗<br>강 남 탕 풍 속 |
| 딸을 기를 때도 예뻐하고 귀여워하기만 | 養女嬌且憐<br>양 녀 교 차 련 |
| 천성이 요염해 바느질일랑 부끄러워하고 | 性冶恥針線<br>성 야 치 침 선 |
| 곱게 단장하고선 악기를 연주하네 | 粧成調管絃<br>장 성 조 관 현 |
| 배운 노래도 우아한 곡조가 아니라 | 所學非雅音<br>소 학 비 아 음 |
| 대부분 남녀 사랑에 이끌린 유행가 | 多被春心牽<br>다 피 춘 심 견 |
| 자기 생각에 아름다운 꽃 같은 얼굴 | 自謂芳華色<br>자 위 방 화 색 |
| 오래도록 청춘 시절 누릴 줄 알고 | 長占艶陽年<br>장 점 염 양 년 |
| 도리어 비웃네 이웃집 여인이 | 却笑隣舍女<br>각 소 린 사 녀 |
| 종일토록 베틀과 씨름하는 일을 | 終朝弄機杼<br>종 조 롱 기 저 |
| 베를 짜느라 비록 몸은 고달프다만 | 機杼縱勞身<br>기 저 종 로 신 |
| 비단옷은 정작 너에게 가지 않는다고 | 羅衣不到汝<br>나 의 부 도 여 |

* 출전 : 崔致遠(최치원, 857~?), 「江南女(강남녀)」

# 마무리 과제

자신이 살고 있는 세계의 裏面(이면)에 대해 생각해 보고, 한 줄 評(평)을 해 봅시다.

# 한자 쓰기

| 한자 | 음·뜻 | 부수·획수 | 따라 쓰기 | 따라 쓰기 |
|---|---|---|---|---|
| 怪 | 괴 괴이하다 | 심방변(忄)부 [3忄5 총8획] | 怪 | 怪 |
| 覩 | 도 보다 | 볼견(見)부 [7見9 총16획] | 覩 | 覩 |
| 酬 | 수 갚다 | 닭유(酉)부 [7酉6 총13획] | 酬 | 酬 |
| 鷺 | 로 해오라기 | 새조(鳥)부 [11鳥13 총24획] | 鷺 | 鷺 |
| 嗤 | 치 비웃다 | 입구(口)부 [3口10 총13획] | 嗤 | 嗤 |
| 鳧 | 부 오리 | 새조(鳥)부 [11鳥2 총13획] | 鳧 | 鳧 |
| 迺 | 내 이에 | 책받침(辶)부 [3辶6 총9획] | 迺 | 迺 |
| 嗔 | 진 성내다 | 입구(口)부 [3口10 총13획] | 嗔 | 嗔 |
| 都 | 도 모두 | 우부방(邑)부 [3阝9 총12획] | 都 | 都 |
| 暈 | 훈 해무리 | 날일(日)부 [4日9 총13획] | 暈 | 暈 |

| 한자 | 음·뜻 | 부수·획수 | | |
|---|---|---|---|---|
| 乳 | 유 젖 | 새을(乙)부 [1乙7 총8획] | 乳 | 乳 |
| 耀 | 요 빛나다 | 깃우(羽)부 [6羽14 총20획] | 耀 | 耀 |
| 騰 | 등 오르다 | 말마(馬)부 [10馬10 총20획] | 騰 | 騰 |
| 閃 | 섬 번쩍거리다 | 문문(門)부 [8門2 총10획] | 閃 | 閃 |
| 翠 | 취 푸르다 | 깃우(羽)부 [6羽8 총14획] | 翠 | 翠 |
| 蒼 | 창 푸르다 | 초두머리(艹)부 [4艹10 총14획] | 蒼 | 蒼 |
| 錮 | 고 고정시키다 | 쇠금(金)부 [8金8 총16획] | 錮 | 錮 |
| 闇 | 암 어둡다 | 문문(門)부 [8門9 총17획] | 闇 | 闇 |
| 低 | 저 낮다 | 사람인변(亻)부 [2亻5 총7획] | 低 | 低 |
| 漆 | 칠 옻 | 삼수변(氵)부 [3氵11 총14획] | 漆 | 漆 |

| 한자 | 음·뜻 | 부수·획수 | 따라 쓰기 | | | | |
|---|---|---|---|---|---|---|---|
| 蕩 | 탕 음탕하다 | 초두머리(艹)부 [4艹12 총16획] | 蕩 | 蕩 | | | |
| 嬌 | 교 아리땁다 | 여자녀(女)부 [3女12 총15획] | 嬌 | 嬌 | | | |
| 憐 | 련 어여삐 여기다 | 심방변(忄)부 [3忄12 총15획] | 憐 | 憐 | | | |
| 冶 | 야 꾸미다 | 이수변(冫)부 [2冫5 총7획] | 冶 | 冶 | | | |
| 針 | 침 바늘 | 쇠금(金)부 [8金2 총10획] | 針 | 針 | | | |
| 粧 | 장 단장하다 | 쌀미(米)부 [6米6 총12획] | 粧 | 粧 | | | |
| 管 | 관 피리 | 대죽(竹)부 [6竹8 총14획] | 管 | 管 | | | |
| 絃 | 현 줄 | 실사(糸)부 [6糸5 총11획] | 絃 | 絃 | | | |
| 牽 | 견 끌다 | 소우(牛)부 [4牛7 총11획] | 牽 | 牽 | | | |
| 芳 | 방 꽃답다 | 초두머리(艹)부 [4艹4 총8획] | 芳 | 芳 | | | |

| 漢字 | 뜻 | 쓰기 | | | | |
|---|---|---|---|---|---|---|
| 華 | **화** 꽃<br>초두머리(艹)부 [4艹8 총12획] | 華 | 華 | | | |
| 艶 | **염** 곱다<br>빛색(色)부 [6色13 총19획] | 艶 | 艶 | | | |
| 却 | **각** 도리어<br>병부절(卩)부 [2卩5 총7획] | 却 | 却 | | | |
| 機 | **기** 틀<br>나무목(木)부 [4木12 총16획] | 機 | 機 | | | |
| 杼 | **저** 북<br>나무목(木)부 [4木4 총8획] | 杼 | 杼 | | | |

# 연습하기

六

대학 생활과 한문

# 마음에 새기는 경계

내용 구성

본문 | 고전 읽기 | 이해와 감상 | 보충 자료

쉼터 | 이야기로 들려주는 성어

한시 감상 | 한시 읽기

마무리 과제 | 한자 쓰기

# 제17강 선을 행하면 복을 받으리

| 선을 행하면 복을 받으리

○ 공자께서 말씀하셨다. "善(선)을 행하는 사람은 하늘이 福(복)으로 갚고, 不善(불선)을 행하는 사람은 하늘이 禍(화)로써 갚는다."

○ 마원이 말하였다. "종신토록 선을 행할지라도 선은 오히려 부족하고, 하루만 악을 행하여도 악은 절로 남음이 있다."

○ 사람이 하루를 살아가면서 착한 말을 한마디라도 듣거나 착한 행동을 한 가지라도 보거나 착한 일을 한 가지라도 행한다면, 이날은 헛되게 살지 않은 날이다.

○ 禍(화)와 福(복)의 이치에 대하여는 옛날 사람들도 의심해 온 지 오래되었다. 충성스럽고 효성스러운 사람이 반드시 화를 면하는 것도 아니고, 음란하고 방탕한 자가 반드시 박복한 것도 아니다. 그러나 善(선)을 행하는 것이 복을 받는 道(도)가 되므로 君子(군자)는 부지런히 선을 할 뿐이다.

○ 선을 행하여 명예에 가까워지는 것 또한 이득을 바라는 마음이기에 군자는 이를 좀도둑질보다 심하게 여기니, 하물며 선하지 않은 일을 행하고 이득을 챙기겠는가?

○ 사마온공이 말하였다. 금을 쌓아서 자손에게 물려줘도 자손이 반드시 능히 다 지킬 수 있는 것은 아니요, 책을 쌓아서 자손에게 물려줘도 자손이 반드시 능히 다 읽을 수 있는 것은 아니니, 남모르는 곳에 陰德(음덕)을 쌓음으로써 자손의 계책을 삼는 것만 못하다.

○ 子曰："爲善者, 天報之以福, 爲不善者, 天報之以禍."
자 왈 위 선 자 천 보 지 이 복 위 불 선 자 천 보 지 이 화

* 출전 :「明心寶鑑(명심보감)」

○ 馬援曰: "終身行善, 善猶不足, 一日行惡, 惡自有餘."
마 원 왈 종 신 행 선 선 유 부 족 일 일 행 악 악 자 유 여

* 출전 :「明心寶鑑(명심보감)」

○ 人生一日, 或聞一善言, 見一善行, 行一善事, 此日, 方不虛生.
인 생 일 일 혹 문 일 선 언 견 일 선 행 행 일 선 사 차 일 방 불 허 생

* 출전 :「象村集(상촌집)」

○ 禍福之理, 古人疑之, 久矣. 忠孝者, 未必免禍, 淫逸者, 未必薄福. 然爲善, 是受福之道, 君子, 强爲善而已.
화 복 지 리 고 인 의 지 구 의 충 효 자 미 필 면 화 음 일 자 미 필 박 복 연 위 선 시 수 복 지 도 군 자 강 위 선 이 이

* 출전 :「茶山詩文集(다산시문집)」

○ 爲善而近名, 亦利心也, 君子視之, 甚於穿窬, 況爲不善, 而征利乎?
위 선 이 근 명 역 리 심 야 군 자 시 지 심 어 천 유 황 위 불 선 이 정 리 호

* 출전 :「栗谷全書(율곡전서)」

○ 司馬溫公曰 "積金以遺子孫, 未必子孫能盡守, 積書以遺子孫, 未必子孫能盡讀, 不如積陰德於冥冥之中, 以爲子孫之計."
사 마 온 공 왈 적 금 이 유 자 손 미 필 자 손 능 진 수 적 서 이 유 자 손 미 필 자 손 능 진 독 불 여 적 음 덕 어 명 명 지 중 이 위 자 손 지 계

* 출전 :「明心寶鑑(명심보감)」

한자 익히기

- ☐ 淫 음 음란하다
- ☐ 逸 일 음탕하다
- ☐ 薄 박 엷다
- ☐ 穿 천 뚫다
- ☐ 窬 유 협문
- ☐ 征 정 취하다

# 범중엄

범문정공(범중엄)은 젊어서 큰 절개가 있어 부유함과 귀함, 가난함과 천함, 비방과 명예, 기쁨과 슬픔에 대하여 한 번도 그 마음을 동요하지 않고, 개연히 천하에 뜻을 두었다. 일찍이 스스로 말하기를 "선비는 마땅히 천하 사람들의 근심보다 앞서서 근심해야 하고, 천하 사람들의 즐거움보다 뒤에 즐거워해야 한다."라고 하였다.

그 윗사람을 섬기고 사람들을 대우함에 한결같이 스스로 미더움으로써 하여, 이익과 손해를 가려 나아가거나 버리지 않았으며, 그 하는 바가 있을 때에는 반드시 그 방도를 다하면서 말하였다. "하기를 나로부터 할 것은 마땅히 이와 같이 해야 하니, 성공하고 성공하지 못하고는 나에게 달려 있지 않은 점이 있다. 비록 聖賢(성현)일지라도 성공을 기필할 수 없으니, 내 어찌 구차히 하겠는가."

# 范仲淹
범 중 엄

范文正公, 少有大節, 其於富貴貧賤毀譽歡戚,
범 문 정 공 소 유 대 절 기 어 부 귀 빈 천 훼 예 환 척

不一動其心, 而慨然有志於天下. 嘗自誦曰: "士
불 일 동 기 심 이 개 연 유 지 어 천 하 상 자 송 왈 사

當先天下之憂而憂, 後天下之樂而樂也."
당 선 천 하 지 우 이 우 후 천 하 지 락 이 락 야

其事上遇人, 一以自信, 不擇利害爲趨捨, 其有
기 사 상 우 인 일 이 자 신 불 택 리 해 위 추 사 기 유

所爲, 必盡其方曰: "爲之自我者, 當如是, 其成
소 위 필 진 기 방 왈 위 지 자 아 자 당 여 시 기 성

與否, 有不在我者. 雖聖賢, 不能必, 吾豈苟哉?"
여 부 유 부 재 아 자 수 성 현 불 능 필 오 기 구 재

＊ 출전 : 『小學(소학)』「善行(선행)」

한자 익히기

- 毁 훼 허물다
- 譽 예 칭찬하다
- 歡 환 기쁘다
- 戚 척 슬프다
- 慨 개 슬퍼하다
- 趨 추 달리다
- 捨 사 버리다

## 이해와 감상

범중엄

善(선)이란 유학자들 사이에서 논의의 대상이라기보다는 삶의 지향이자 실천의 대상으로 인식되어 왔다. 공자가 仁(인)을 강조하였던 이유는 사람이 사람답게 더불어 사는 삶을 지향했기 때문이다. 선행이 현대 사회에서도 환영받는 이유 역시 이와 크게 다르지 않다. 주체적이고 능동적인 사회 구성원의 선행은 인간다운 삶에 기여하기 때문이다. 당연한 것이 당연하지 않게 된 요즈음에 善(선)과 德(덕)을 生得的(생득적)인 것으로 인식하고 선행을 당연시했던 선인들의 자취는 오늘날을 살아가는 우리들에게 큰 메시지를 던진다.

## 보충 자료

범중엄

- **范仲淹** 범중엄 | 989~1052. 중국 北宋(북송) 때 사람으로, 자는 希文(희문)이다. 만년에 지은 「岳陽樓記(악양루기)」가 유명하다. 저서로는 『范文正公集(범문정공집)』이 있다. 諡號(시호)는 文正(문정)이다.

- **『小學** 소학**』** | 1185년 朱熹(주희)가 제자 劉子澄(유자징)에게 소년들을 가르쳐 교화시킬 수 있는 내용의 서적을 편집하게 하여, 자신이 직접 校閱(교열)하고 加筆(가필)하여 만든 책이다. 구성은 內(내)·外(외)의 2편으로 되어 있는데, 內篇(내편)은 立教(입교)·明倫(명륜)·敬身(경신)·稽古(계고)의 4개 항목을 기본으로 하여 儒教(유교) 윤리사상의 要綱(요강)을 논하였으며, 外篇(외편)은 嘉言(가언)·善行(선행)의 2개 항목 밑에 漢(한)나라 이후 宋(송)나라까지 賢哲(현철)의 언행을 기록하여 내편과 차별화하였다.

| 青 | 出 | 於 | 藍 |
|---|---|---|---|
| **청** 푸르다 | **출** 나오다 | **어** 어조사 | **람** 쪽빛 |

**겉뜻** 푸른빛은 쪽빛에서 나왔지만, 쪽빛보다 더 푸르다.

**속뜻** 가르침을 받고 부단한 노력을 더해 스승보다 더욱 훌륭해지다.

『荀子(순자)』「勸學(권학)」 제1편 1절에 나오는 말로, 荀子(순자)의 교육사상이 드러나 있는 유명한 성어이다. 사람은 선천적으로 타고난 재능을 바탕으로 꾸준히 배우고 익히는 후천적인 노력에 의해 개선되고 발전한다. 배우는 일은 스승이 필요하고, 나아가 正道(정도)를 체득한 훌륭한 스승을 좇아 그의 지도와 가르침을 받으면서 성장하는 것이 중요하다. 그렇지 않으면 독선과 오류에 빠진다. 순자가 함께 제시한 『論語(논어)』「學而(학이)」의 "배우고 그것을 수시로 익힌다.[學而時習之(학이시습지)]"와 「述而(술이)」의 "배우면서 싫어하지 않는다.[學而不厭(학이불염)]" 등의 말을 새겨 볼 필요가 있다. 이와 같은 학습과 노력을 통하여 쪽빛에서 나온 빛이 쪽빛보다 더욱 빛을 발하는 푸른빛이 된다. 성어가 유래한 원문은 다음과 같다.

"군자는 말한다. 배우는 일을 중단하여서는 안 된다. 푸른빛은 쪽빛에서 취하지만 쪽빛보다 더 푸르고, 얼음은 물이 만들지만 물보다 더 차갑다.[君子曰(군자왈) 學不可以已(학불가이이) 靑取之於藍(청취지어람) 而靑於藍(이청어람) 冰水爲之(빙수위지) 而寒於水(이한어수)]"

참고로 『意林(의림)』·『白孔六帖(백공육첩)』·『東坡志林(동파지림)』·『說郛(설부)』 등에는 "푸른빛은 쪽빛에서 나오지만 쪽빛보다 푸르고, 얼음은 물에서 나오지만 물보다 차갑다.[靑出於藍(청출어람) 而靑於藍(이청어람) 冰生於水(빙생어수) 而寒於水(이한어수)]"로 되어 있다. 藍(람)은 우리말로 '쪽'으로, 마디풀과의 한해살이풀이다. 그 잎은 발효를 거친 뒤에 짙은 청색의 유기염료인 인디고 블루(indigo blue)를 추출할 수 있다.

* 출전 : 『荀子(순자)』「勸學(권학)」

## 한시 읽기

한자 익히기

- ☐ 撲 박 가지다
- ☐ 棗 조 대추나무
- ☐ 緣 연 인연
- ☐ 恐 공 두려워하다
- ☐ 懼 구 두려워하다
- ☐ 防 방 막다
- ☐ 插 삽 꽂다
- ☐ 疏 소 트이다
- ☐ 籬 리 울타리
- ☐ 卻 각 도리어
- ☐ 訴 소 하소연하다
- ☐ 徵 징 거두다
- ☐ 戎 융 병사
- ☐ 淚 루 눈물
- ☐ 盈 영 차다

| | |
|---|---|
| 집 앞의 대추 따는 일 서쪽 이웃에게 맡긴 것은 | 堂前撲棗任西隣<br>당 전 박 조 임 서 린 |
| 먹을 것이 없고 자식도 없는 부인이기 때문이네 | 無食無兒一婦人<br>무 식 무 아 일 부 인 |
| 곤궁 때문이 아니었다면 어찌 이런 일 있었겠나 | 不爲困窮寧有此<br>불 위 곤 궁 녕 유 차 |
| 다만 두려워할 것이니 더욱 친근하게 해야 하네 | 只緣恐懼轉須親<br>지 연 공 구 전 수 친 |
| 먼 손님을 막는 것은 비록 일이 많지만 | 卽防遠客雖多事<br>즉 방 원 객 수 다 사 |
| 성근 울타리를 친 것은 도리어 진정한 뜻 있어서였네 | 使插疏籬卻甚眞<br>사 삽 소 리 각 심 진 |
| 이미 하소연했지만 세금에 가난이 뼈에 사무치니 | 已訴徵求貧到骨<br>이 소 징 구 빈 도 골 |
| 정히 전쟁을 생각하고 수건 가득 눈물 적시네 | 正思戎馬淚盈巾<br>정 사 융 마 루 영 건 |

＊ 출전 : 杜甫(두보, 712~770), 「又呈吳郞(우정오랑)」

## 마무리 과제

자신이 경험하거나 보고 들은 善行(선행)을 떠올려, 우리말 시 혹은 漢詩(한시)로 표현해 봅시다.

# 한자 쓰기

| 한자 | 음·뜻 | 부수·획수 | 따라 쓰기 | 따라 쓰기 |
|---|---|---|---|---|
| 淫 | **음** 음란하다 | 삼수변(氵)부 [3氵8 총11획] | 淫 | 淫 |
| 逸 | **일** 음탕하다 | 책받침(辶)부 [3辶8 총11획] | 逸 | 逸 |
| 薄 | **박** 엷다 | 초두머리(艹)부 [4艹13 총17획] | 薄 | 薄 |
| 穿 | **천** 뚫다 | 구멍혈(穴)부 [5穴4 총9획] | 穿 | 穿 |
| 窬 | **유** 협문 | 구멍혈(穴)부 [5穴9 총14획] | 窬 | 窬 |
| 征 | **정** 취하다 | 두인변(彳)부 [3彳5 총8획] | 征 | 征 |
| 毁 | **훼** 허물다 | 갖은등글월문(殳)부 [4殳9 총13획] | 毁 | 毁 |
| 譽 | **예** 칭찬하다 | 말씀언(言)부 [7言14 총21획] | 譽 | 譽 |
| 歡 | **환** 기쁘다 | 하품흠(欠)부 [4欠18 총22획] | 歡 | 歡 |
| 戚 | **척** 슬프다 | 창과(戈)부 [4戈7 총11획] | 戚 | 戚 |

| 한자 | 음·뜻 | 부수·획수 |
| --- | --- | --- |
| 慨 | **개** 슬퍼하다 | 심방변(忄)부 [3忄11 총14획] |
| 趨 | **추** 달리다 | 달릴주(走)부 [7走10 총17획] |
| 捨 | **사** 버리다 | 재방변(扌)부 [3扌8 총11획] |
| 撲 | **박** 가지다 | 재방변(扌)부 [3扌12 총15획] |
| 棗 | **조** 대추나무 | 나무목(木)부 [4木8 총12획] |
| 緣 | **연** 인연 | 실사(糸)부 [6糸9 총15획] |
| 恐 | **공** 두려워하다 | 마음심(心)부 [4心6 총10획] |
| 懼 | **구** 두려워하다 | 심방변(忄)부 [3忄18 총21획] |
| 防 | **방** 막다 | 좌부방(阜)부 [3阝4 총7획] |
| 插 | **삽** 꽂다 | 재방변(扌)부 [3扌9 총12획] |

| 한자 | 음·뜻 | 부수·획수 | | |
|---|---|---|---|---|
| 疏 | 소 트이다 | 필필(疋)부 [5疋7 총12획] | 疏 | 疏 |
| 籬 | 리 울타리 | 대죽(竹)부 [6竹19 총25획] | 籬 | 籬 |
| 卻 | 각 도리어 | 병부절(卩)부 [2卩7 총9획] | 卻 | 卻 |
| 訴 | 소 하소연하다 | 말씀언(言)부 [7言5 총12획] | 訴 | 訴 |
| 徵 | 징 거두다 | 두인변(彳)부 [3彳12 총15획] | 徵 | 徵 |
| 戎 | 융 병사 | 창과(戈)부 [4戈2 총6획] | 戎 | 戎 |
| 淚 | 루 눈물 | 삼수변(氵)부 [3氵8 총11획] | 淚 | 淚 |
| 盈 | 영 차다 | 그릇명(皿)부 [5皿4 총9획] | 盈 | 盈 |

# 연습하기

# 제18강 먼 길 떠나는 벗에게



## 농사 이야기, 갈은 해 급제한 장호를 전송하며

일찍이 부자의 농사를 보았는가? 그 토지가 아름답고 많으며, 그 양식이 풍족하고 남음이 있으니, 토지가 아름답고 많으면 땅을 교대로 놀릴 수 있어서 地力(지력)이 완전하게 되고, 양식이 풍족하고 남음이 있으면 심는 것이 항상 제때에 뒤지지 않고 거두는 것이 항상 그 完熟(완숙)할 때에 미치게 된다. 그러므로 부자의 농사는 항상 아름다워 쭉정이가 적고 열매가 많으며, 오랫동안 보관하여도 썩지 않는다. 이제 나는 열 식구의 집안으로 백 이랑의 토지를 함께 경작하여, 한 치마다 취하고 밤낮으로 그것만을 바라보아 호미질하고 播種(파종)하고 낫질하는 것이 그 위에 서로 이어짐이 마치 고기의 비늘과 같아 지력이 고갈되며, 심는 것이 항상 제때에 미치지 못하고 거두는 것이 항상 완숙하기를 기다리지 못하니, 이 어찌 다시 아름다운 농사가 있을 수 있겠는가?

# 稼說 送同年張琥
가설 송동년장호

蓋嘗觀於富人之稼乎? 其田美而多, 其食足而有
개상관어부인지가호 기전미이다 기식족이유

餘, 其田美而多, 卽可以更休, 而地力得完, 其
여 기전미이다 즉가이경휴 이지력득완 기

食足而有餘, 卽種之常不後時, 而斂之常及其
식족이유여 즉종지상불후시 이렴지상급기

熟. 故富人之稼, 常美, 少秕而多實, 久藏而不
숙 고부인지가 상미 소비이다실 구장이불

腐. 今吾十口之家, 而共百畝之田, 寸寸而取之,
부 금오십구지가 이공백무지전 촌촌이취지

日夜而望之, 鋤耰銍刈, 相尋於其上者, 如魚鱗,
일야이망지 서우질예 상심어기상자 여어린

而地力竭矣, 種之常不及時, 而斂之常不待其
이지력갈의 종지상불급시 이렴지상부대기

熟, 此豈能復有美稼哉?
숙 차기능부유미가재

한자 익히기

- 稼 가 농사짓다
- 琥 호 호박
- 更 경 번갈아
- 斂 렴 거두다
- 尋 심 잇다
- 秕 비 쭉정이
- 鋤 서 호미
- 耰 우 김매다
- 銍 질 낫
- 刈 예 베다
- 鱗 린 비늘

| 먼 길 떠나는 벗에게

옛사람들이 그 재주가 지금 사람들보다 크게 뛰어남이 있는 것이 아니다. 평소에 스스로 기르고 감히 가벼이 쓰지 아니하여 그 완성되기를 기다림이 마치 어린아이가 자라기를 기다리는 것과 같이 답답하여 약한 자를 길러 강함에 이르고 허한 자를 길러 충실함에 이르러, 30세가 된 뒤에 벼슬하고 50세가 된 뒤에 벼슬을 받는다. 오랫동안 굽힌 뒤에 펴고 지극히 풍족한 뒤에 쓰며, 이미 넘치고 난 나머지에 흘려보내고 활을 가득히 잡아당긴 끝에 발사하듯 한다. 이것이 옛사람이 보통 사람보다 크게 뛰어났던 이유로서, 지금의 君子(군자)가 미치지 못하는 까닭이다.

古之人, 其才非有大過今之人也. 其平居, 所以
고 지 인 기 재 비 유 대 과 금 지 인 야 기 평 거 소 이

自養, 而不敢輕用, 以待其成者, 閔閔焉如嬰兒
자 양 이 불 감 경 용 이 대 기 성 자 민 민 언 여 영 아

之望長也, 弱者養之, 以至於剛, 虛者養之, 以
지 망 장 야 약 자 양 지 이 지 어 강 허 자 양 지 이

至於充, 三十而後仕, 五十而後爵. 伸於久屈之
지 어 충 삼 십 이 후 사 오 십 이 후 작 신 어 구 굴 지

中, 而用於至足之後, 流於旣溢之餘, 而發於持
중 이 용 어 지 족 지 후 류 어 기 일 지 여 이 발 어 지

滿之末. 此古人之所以大過人, 而今之君子, 所
만 지 말 차 고 인 지 소 이 대 과 인 이 금 지 군 자 소

以不及也.
이 불 급 야

* 출전 : 蘇軾(소식), 『古文眞寶後集(고문진보후집)』

한자 익히기

- □ 閔 민 근심하다
- □ 嬰 영 어리다
- □ 溢 일 넘치다
- □ 爵 작 벼슬

## 이해와 감상

가설 송동년장호

蘇軾(소식)이 자신과 같은 해에 과거에 급제한 張琥(장호)를 전송하면서 지어 준 경계의 글이다. 특히 학문하는 방법에 있어서 농사짓는 방법을 예로 들어 옛사람과 요즘 사람의 차이점을 설명하였는데, 외형보다는 내실을 중시하고 핵심을 취해야 한다고 하였다. "활시위를 끝까지 당긴 뒤에야 쏘는 듯이 한다.[發於持滿之末(발어지만지말)]"는 말은 대충 설렁설렁 지나가고 단계를 뛰어넘어 무언가를 얻거나 이루려 하는 이들이 새겨야 할 말이다. 학문에 있어서는 "책을 널리 보되 핵심을 취하며, 실력을 두텁게 쌓되 조금만 드러내라."고 권하였다. 지금 나의 교유 관계에 있어서 학문뿐만 아니라 나의 잘못과 단점에 대해 이와 같이 쓴소리를 해 줄 유익한 벗이 있는가? 나 또한 유익한 벗이 될 수 있도록 노력해야겠다.

## 보충 자료

가설 송동년장호

- **소식蘇軾** | 1037~1101. 중국 眉州(미주) 眉山(미산) 사람으로 자는 子瞻(자첨), 和仲(화중), 호는 東坡居士(동파거사)이다. 宋(송)나라 때의 관리이자 문학가이며 詩(시)·書(서)·畫(화)에 모두 능했다. 부친인 蘇洵(소순), 형제인 蘇轍(소철)과 더불어 '三蘇(삼소)'로 불렸으며, '唐宋八大家(당송팔대가)'로 일컬어진다. 저서로는 『東坡七集(동파칠집)』, 『東坡易傳(동파역전)』, 『東坡樂府(동파악부)』 등이 있다.

- **『古文眞寶고문진보』** | 周(주)나라 때부터 宋(송)나라 때에 이르는 古詩(고시)·古文(고문) 가운데 珠玉(주옥)같은 글들을 모아 엮은 책이다. 前集(전집) 10권, 後集(후집) 10권으로 되어 있다.

| 指 | 鹿 | 爲 | 馬 |
|---|---|---|---|
| 지 가리키다 | 록 사슴 | 위 하다 | 마 말 |

겉뜻　사슴을 가리켜 말이라고 하다.

속뜻　윗사람을 농락하여 권세를 마음대로 휘두르다.

秦(진)나라의 환관으로 전횡을 일삼아 간신의 대명사가 된 趙高(조고)가 二世皇帝(이세황제) 湖亥(호해) 앞에서 자신의 권세와 위상을 시험하기 위하여 사슴을 가져다가 말이라고 한 데서 유래한 성어이다. 군주를 농락하여 권세를 마음대로 전횡하는 것을 비유하는 말로 쓰인다.

秦始皇(진시황)을 이어 이세황제가 황제의 자리에 올랐다. 이세황제가 조고를 예우하여 中丞相(중승상)으로 삼고, 크고 작은 정사를 모두 조고에게 결정하도록 했다. 조고는 자기 권한이 막중함을 알고 전횡을 일삼다가 난을 일으키려고 하면서, 여러 신하들이 자기 말을 듣지 않을까 염려하여 먼저 신하들의 뜻을 시험해 보기 위하여 사슴을 바치면서 말이라고 하였다. 이에 이세황제가 웃으면서 "승상은 잘 모르는가? 사슴을 보고 말이라고 하다니." 하면서 좌우에 있던 신하들에게 물었다. 그러자 신하들이 아무 말도 하지 않거나 혹은 말이라고 하면서 조고의 뜻에 아부하는 자도 있었으며, 혹 사슴이라고 말을 한 자도 있었는데, 조고는 사슴이라고 말한 자들을 모두 법으로 얽어 죽였다. 그 뒤에는 여러 신하들이 모두 조고의 권력에 맞서지 못하고 두려워하였다.

동의어로 指鹿作馬(지록작마)·指鹿道馬(지록도마)·苑鹿爲馬(원록위마) 등이 있다.

＊출전 :『史記(사기)』「秦始皇本紀(진시황본기)」

## 한시 읽기

한자 익히기

- 峰 봉 봉우리
- 低 저 낮다
- 君 군 그대
- 輪 륜 바퀴

일만 이천 개의 봉우리

높낮이가 절로 같지 않구나

그대 보게나 해가 나올 때에

높은 곳 어디가 가장 먼저 붉어지는지

一萬二千峰
일 만 이 천 봉

高低自不同
고 저 자 부 동

君看日輪出
군 간 일 륜 출

高處最先紅
고 처 최 선 홍

＊출전 : 成石璘(성석린, 1338~1423), 「送僧之楓岳(송승지풍악)」

## 마무리 과제

먼 곳으로 떠나는 친구에게, 당부와 격려의 메시지를 담아 說(설)을 지어 봅시다.

# 한자 쓰기

| 한자 | 음 | 뜻 | 부수·획수 |
|---|---|---|---|
| 稼 | 가 | 농사짓다 | 벼화(禾)부 [5禾10 총15획] |
| 琥 | 호 | 호박 | 구슬옥(玉)부 [4玉8 총12획] |
| 更 | 경 | 번갈아 | 가로왈(曰)부 [4曰3 총7획] |
| 斂 | 렴 | 거두다 | 등글월문(攴)부 [4攵13 총17획] |
| 尋 | 심 | 잇다 | 마디촌(寸)부 [3寸9 총12획] |
| 秕 | 비 | 쭉정이 | 벼화(禾)부 [5禾4 총9획] |
| 鋤 | 서 | 호미 | 쇠금(金)부 [8金7 총15획] |
| 耰 | 우 | 김매다 | 쟁기뢰(耒)부 [6耒15 총21획] |
| 銍 | 질 | 낫 | 쇠금(金)부 [8金6 총14획] |
| 刈 | 예 | 베다 | 칼도(刀)부 [2刂2 총4획] |

| 한자 | 음·뜻 | 부수·획수 | 따라 쓰기 | |
|---|---|---|---|---|
| 鱗 | 린 비늘 | 물고기어(魚)부 [11魚12 총23획] | 鱗 | 鱗 |
| 閔 | 민 근심하다 | 문문(門)부 [8門4 총12획] | 閔 | 閔 |
| 嬰 | 영 어리다 | 여자녀(女)부 [3女14 총17획] | 嬰 | 嬰 |
| 溢 | 일 넘치다 | 삼수변(氵)부 [3氵10 총13획] | 溢 | 溢 |
| 爵 | 작 벼슬 | 손톱조(爪)부 [4爪14 총18획] | 爵 | 爵 |
| 峰 | 봉 봉우리 | 산산(山)부 [3山7 총10획] | 峰 | 峰 |
| 低 | 저 낮다 | 사람인변(亻)부 [2亻5 총7획] | 低 | 低 |
| 君 | 군 그대 | 입구(口)부 [3口4 총7획] | 君 | 君 |
| 輪 | 륜 바퀴 | 수레거(車)부 [7車8 총15획] | 輪 | 輪 |

# 제19강 마음으로 지은 집

| 마음으로 지은 집

## 오죽헌에 대한 記(기)

梧竹軒(오죽헌)은 금정역 찰방이 거처하는 곳이다. 뜰 앞에 벽오동 한 그루와 참대 몇 떨기가 있어, 이에 오죽헌이라는 이름이 붙었다.

찰방은 7품직이다. 을묘년(1795, 정조 19) 가을에, 내가 承旨(승지)로 있다가 金井察訪(금정 찰방)으로 좌천되자, 조정의 搢紳大夫(진신대부)들 중 글을 보내어 위로하는 사람이 많았다. 그러나 찰방직은 즐거운 점이 세 가지 있으니, 밖에 나가 날랜 말을 탈 수 있는 것이 첫 번째 즐거움이요, 모든 屬驛(속역)이 있는 지역에서 산수를 유람할 때면 가는 곳마다 양식이 준비되는 것이 두 번째 즐거움이요, 항상 일이 적어서 쌀과 소금을 처리하는 일과 訟事(송사)와 장부를 기록하는 일 등의 번거로움이 일절 없는 것이 세 번째 즐거움이다. 이 고을의 士友(사우)들은 와서 보고 이것으로 축하하지만, 나는 아니라고 대답을 했다. 저 진신대부들이 나를 위로하는 것이나 이 고을 사우들이 나를 축하하는 것은 모두 내 뜻이 아니다.

# 梧竹軒記
오 죽 헌 기

梧竹軒者, 金井驛察訪之所處也. 庭前有碧梧一
오 죽 헌 자 금 정 역 찰 방 지 소 처 야 정 전 유 벽 오 일

株苦竹數叢, 此其所以爲梧竹軒也. 察訪七品職
주 고 죽 수 총 차 기 소 이 위 오 죽 헌 야 찰 방 칠 품 직

也. 乙卯秋, 余以承旨貶補金井, 朝之薦紳大夫,
야 을 묘 추 여 이 승 지 폄 보 금 정 조 지 천 신 대 부

多貽書以慰之者. 然察訪之職, 有可樂者三, 出
다 이 서 이 위 지 자 연 찰 방 지 직 유 가 락 자 삼 출

而乘快馬, 一樂也, 凡屬驛所在之地, 或游歷山
이 승 쾌 마 일 락 야 범 속 역 소 재 지 지 혹 유 력 산

水, 所至有糗糧, 二樂也, 居恒少事, 一切米鹽
수 소 지 유 구 량 이 락 야 거 항 소 사 일 체 미 염

獄訟簿牒之煩無有焉, 三樂也. 鄕中士友之來見
옥 송 부 첩 지 번 무 유 언 삼 락 야 향 중 사 우 지 래 견

者, 或以此賀之, 余曰否否. 彼薦紳先生之慰之
자 혹 이 차 하 지 여 왈 부 부 피 천 신 선 생 지 위 지

者, 與鄕中士友之賀之者, 均之非吾意也.
자 여 향 중 사 우 지 하 지 자 균 지 비 오 의 야

**한자 익히기**

- ☐ 梧 오 벽오동나무
- ☐ 碧 벽 푸르다
- ☐ 叢 총 떨기
- ☐ 貶 폄 떨어뜨리다
- ☐ 薦 천 천거하다
- ☐ 紳 신 큰 띠
- ☐ 貽 이 전하다
- ☐ 糗 구 볶은 쌀
- ☐ 糧 량 양식
- ☐ 鹽 염 소금
- ☐ 簿 부 장부
- ☐ 牒 첩 공문서

**마음으로 지은 집**

대저 벼슬이라는 것은 갑자기 올라가면 쉽게 넘어지게 되고, 총애가 항상 융성하면 쉽게 쇠하게 된다. 내가 3품에서 7품으로 옮겨진 것은 복이니 슬퍼할 것이 없다. 그러나 찰방직은 백성의 고통을 살피고 그 병폐를 찾아내는 것이다. 말이 병들어 건강상태가 좋지 않으면 찰방의 죄이고, 驛夫(역부)의 勞役(노역)이 고르지 않아 그들에게 원망이 있게 하면 찰방의 죄이고, 사명을 받드는 신하가 법을 어기고 제멋대로 하여 사람과 말을 고달프게 할 때 범례를 들어 그와 다투어서 그런 짓을 그치게 하지 못하면 찰방의 죄이다. 이것이 곧 찰방직이 힘든 이유이니 기뻐할 것이 못 된다.

앞의 세 가지 즐거움만 누리고 뒤의 세 가지 고통을 알지 못하면 귀양살이를 면치 못하게 될 것인데, 어찌 7품직이나마 바랄 수 있겠는가. 나는 이미 이것을 가지고 스스로 勉勵(면려)하고, 글을 지어 벽에 써 놓아 뒤에 올 사람에게 알린다.

夫官驟陞則易顚, 寵恒隆則易衰. 余之由三品,
부 관 취 승 즉 이 전 총 항 륭 즉 이 쇠 여 지 유 삼 품

而遷七品, 福也, 不足戚也. 察訪之職, 所以察
이 천 칠 품 복 야 부 족 척 야 찰 방 지 직 소 이 찰

其苦, 而訪其瘼也. 馬玄黃不臧, 則罪也, 驛夫
기 고 이 방 기 막 야 마 현 황 부 장 즉 죄 야 역 부

勞役不均, 使有怨咨, 則罪也, 奉使之臣, 越法
로 역 불 균 사 유 원 자 즉 죄 야 봉 사 지 신 월 법

濫調, 以罷敝人馬, 而不能據例爭執, 則罪也.
람 조 이 파 폐 인 마 이 부 능 거 례 쟁 집 즉 죄 야

是察訪之職苦也, 不足悅也. 享是三樂, 而不知
시 찰 방 지 직 고 야 부 족 열 야 향 시 삼 락 이 부 지

是三苦, 則將編配之不免, 安敢望七品職哉? 余
시 삼 고 즉 장 편 배 지 불 면 안 감 망 칠 품 직 재 여

旣以是自勵, 遂爲文書之壁, 以告後來者.
기 이 시 자 려 수 위 문 서 지 벽 이 고 후 래 자

※ 출전 : 丁若鏞(정약용), 『茶山詩文集(다산시문집)』

한자 익히기

- □ 驟 취 빠르다
- □ 陞 승 오르다
- □ 寵 총 총애
- □ 瘼 막 병들다
- □ 敝 폐 해지다
- □ 勵 려 힘쓰다

## 이해와 감상

오죽헌기

사람들은 대부분 크고 좋은 집에 대한 동경이 있고, 부귀영화를 꿈꾼다. 그 꿈이 좌절되면 실의에 빠지고 때로는 부정을 저지르면서 안 좋은 결과를 초래하기도 한다. 이 글은 승지에서 7품 찰방으로 좌천된 정약용이 '梧竹軒(오죽헌)'이라는 집에 거처하면서 자신의 뜻을 써서 벽에 붙인 것이다. 주변의 안타까움에도 불구하고, 미관말직에 있으면서 벼슬에 대한 초연한 자세와 함께 자신이 누릴 수 있는 세 가지 즐거움과 자신의 직분을 다하지 못할 때 얻게 되는 세 가지 고통을 비교하며 스스로 勉勵(면려)할 뿐만 아니라 자신의 뒤에 올 사람에게까지 그것을 경계하는 내용이다. 높은 지위에 올라 얼마나 크고 좋은 집에 사느냐가 중요한 것이 아니라 진정 나에게 즐거움과 편안함을 주는 집이 무엇인지를 생각하게 한다. 나의 마음속에는 어떤 집이 있을까.

## 보충 자료

오죽헌기

- **丁若鏞 정약용** | 1762(영조 38)~1836(헌종 2). 자는 美鏞(미용), 호는 茶山(다산)·俟菴(사암)·與猶堂(여유당)·菜山(채산)이다. 正祖(정조) 연간에 문신으로 仕宦(사환)했으나, 청년기에 접했던 西學(서학)으로 인해 장기간 유배생활을 하였다. 그는 이 유배기간 동안 자신의 학문을 더욱 연마해 모두 500여 권에 이르는 방대한 저술을 남겼고, 조선 후기 실학사상을 집대성하였다. 특히 개혁을 향한 열정과 함께, 빈곤과 착취에 시달리던 백성의 고통을 덜어 주기 위해 고뇌하였다.

- **『茶山詩文集 다산시문집』** | 정약용의 시문집이다. 時政(시정)과 관계된 현실 비판적이면서도 사실주의 경향의 詩(시)를 비롯하여 議論(의론)과 時策(시책) 등 散文(산문)도 다수 수록되어 있다.

| 三 | 顧 | 草 | 廬 |
|---|---|---|---|
| 삼 셋 | 고 돌아보다 | 초 풀 | 려 오두막 |

겉뜻 초가집을 세 번 찾아가다.

속뜻 인재를 얻기 위해 자신을 낮추고 예와 정성을 다하다.

중국 삼국시대 蜀漢(촉한)의 丞相(승상) 諸葛亮(제갈량, 181~234)이 지은 「出師表(출사표)」에 나오는 말이다.

제갈량의 자는 孔明(공명), 호는 臥龍(와룡), 시호는 忠武侯(충무후)로, 제갈무후라고도 불린다. 그는 일찍 부친을 여의고 의탁하였던 숙부 諸葛玄(제갈현)이 사망하자, 19세 때 隆中(융중)으로 옮겨 司馬徽(사마휘)의 문하에서 수학하며 은둔하였는데 천문지리와 병법에 통달하였다. 그의 나이 27세 때 한나라 부흥의 대업을 꿈꾸던 劉備(유비)가 제갈량이 은거하고 있던 초가집을 세 차례 방문하여 간곡하게 도움을 요청하자 받아들이고, 천하통일의 계책을 세우고 유비를 보좌하여 蜀漢(촉한)을 세워 승상에 임명되었다. 유비가 사망하자 제위를 계승한 後主(후주) 劉禪(유선)을 보좌하여 先主(선주)의 유업을 이루기 위해 54세의 나이에 6차 북벌전쟁을 감행하던 도중 五丈原(오장원)에서 병사하여 끝내 뜻을 이루지 못하였다.

당시에 제갈량이 후주 유선에게 바친 「출사표」에는 "선제께서 신을 비천하게 여기지 않으시고, 몸소 왕림하여 세 번이나 草廬(초려)로 신을 방문해 주시고 당세의 일을 신에게 자문하시니, 이로 인해 감격하여 마침내 선제께 국사에 매진할 것을 허여했던 것입니다.[先帝不以臣卑鄙(선제불이신비비) 猥自枉屈(외자왕굴) 三顧臣於草廬之中(삼고신어초려지중) 諮臣以當世之事(자신이당세지사) 由是感激(유시감격) 遂許先帝以驅馳(수허선제이구치)]"라고 하면서 유비와의 일화를 회상하였다.

참고로 「出師表(출사표)」의 '出師(출사)'는 군사를 낸다는 뜻이고, '表(표)'는 한문 문체의 하나로 신하가 군주에게 바치는 글을 뜻한다. 이로 말미암아 흔히 결전을 앞두고 전의를 다질 때 '출사표를 던진다'고 한다.

＊ 출전 : 「三國志(삼국지)」 「蜀志(촉지) 諸葛亮傳(제갈량전)」

## 한시 읽기

| 풀이 | 원문 |
|---|---|
| 북두칠성 태산 같은 이부의 재주 지니어 | 北斗泰山吏部才<br>북 두 태 산 이 부 재 |
| 당당한 공훈이 공신 가운데 으뜸일세 | 堂堂勳業冠雲臺<br>당 당 훈 업 관 운 대 |
| 약속은 길이 황하와 함께 남아 있으니 | 誓曾永與黃河在<br>서 증 영 여 황 하 재 |
| 맹세 지켜 때로 백구를 찾아왔다네 | 盟或時尋白鳥來<br>맹 혹 시 심 백 조 래 |
| 저대로 멈췄다 날다가 도로 저대로 유유자적 | 自止自飛還自適<br>자 지 자 비 환 자 적 |
| 서로 친근하게 지내며 서로 시기하지 않는구나 | 相親相近不相猜<br>상 친 상 근 불 상 시 |
| 한평생 시종일관 살아온 한 충헌이여 | 一生終始韓忠獻<br>일 생 종 시 한 충 헌 |
| 영원토록 이 정자가 그와 함께 우뚝하리라 | 萬古斯亭並屹哉<br>만 고 사 정 병 흘 재 |

＊ 출전 : 徐居正(서거정, 1420~1488), 「韓判書狎鷗亭詩(한판서압구정시)」

**한자 익히기**

- □ 勳 훈 공
- □ 誓 서 맹세하다
- □ 盟 맹 맹세하다
- □ 尋 심 찾다
- □ 適 적 가다
- □ 猜 시 시기하다
- □ 斯 사 이
- □ 並 병 아우르다
- □ 屹 흘 산이 우뚝 솟다

## 마무리 과제

내가 살고 싶은 삶의 방향을 정하여 나의 堂號(당호)를 한자로 지어 봅시다.

# 한자 쓰기

| 한자 | 음·뜻 | 부수·획수 |
|---|---|---|
| 梧 | 오 벽오동나무 | 나무목(木)부 [4木7 총11획] |
| 碧 | 벽 푸르다 | 돌석(石)부 [5石9 총14획] |
| 叢 | 총 떨기 | 초두머리(艹)부 [4艹18 총22획] |
| 貶 | 폄 떨어뜨리다 | 조개패(貝)부 [7貝5 총12획] |
| 薦 | 천 천거하다 | 초두머리(艹)부 [4艹13 총17획] |
| 紳 | 신 큰 띠 | 실사(糸)부 [6糸5 총11획] |
| 貽 | 이 전하다 | 조개패(貝)부 [7貝5 총12획] |
| 糗 | 구 볶은 쌀 | 쌀미(米)부 [6米10 총16획] |
| 糧 | 량 양식 | 쌀미(米)부 [6米12 총18획] |
| 鹽 | 염 소금 | 소금밭로(鹵)부 [11鹵13 총24획] |

| 漢字 | 음·훈 | 부수 | 따라 쓰기 | |
|---|---|---|---|---|
| 簿 | 부 장부 | 대죽(竹)부 [6竹13 총19획] | 簿 | 簿 |
| 牒 | 첩 공문서 | 조각편(片)부 [4片9 총13획] | 牒 | 牒 |
| 驟 | 취 빠르다 | 말마(馬)부 [10馬14 총24획] | 驟 | 驟 |
| 陞 | 승 오르다 | 좌부방(阜)부 [3阝7 총10획] | 陞 | 陞 |
| 寵 | 총 총애 | 갓머리(宀)부 [3宀16 총19획] | 寵 | 寵 |
| 瘼 | 막 병들다 | 병질엄(疒)부 [5疒11 총16획] | 瘼 | 瘼 |
| 敝 | 폐 해지다 | 등글월문(攴)부 [4攵8 총12획] | 敝 | 敝 |
| 勵 | 려 힘쓰다 | 힘력(力)부 [2力15 총17획] | 勵 | 勵 |
| 勳 | 훈 공 | 힘력(力)부 [2力14 총16획] | 勳 | 勳 |
| 誓 | 서 맹세하다 | 말씀언(言)부 [7言7 총14획] | 誓 | 誓 |

| 한자 | 음·뜻 | 따라 쓰기 | 따라 쓰기 | | | |
|---|---|---|---|---|---|---|
| 盟 | **맹** 맹세하다<br>그릇명(皿)부 [5皿8 총13획] | 盟 | 盟 | | | |
| 尋 | **심** 찾다<br>마디촌(寸)부 [3寸9 총12획] | 尋 | 尋 | | | |
| 適 | **적** 가다<br>책받침(辶)부 [3辶11 총14획] | 適 | 適 | | | |
| 猜 | **시** 시기하다<br>개사슴록변(犭)부 [3획犭8 총11획] | 猜 | 猜 | | | |
| 斯 | **사** 이<br>날근(斤)부 [4斤8 총12획] | 斯 | 斯 | | | |
| 並 | **병** 아우르다<br>한일(一)부 [1一7 총8획] | 並 | 並 | | | |
| 屹 | **흘** 산이 우뚝 솟다<br>산산(山)부 [3山3 총6획] | 屹 | 屹 | | | |

# 연습하기

# 제20강 경험에서 얻은 가르침

경험에서 얻은 가르침

○ 내가 일찍이 남의 부탁을 받아 수십 명의 아이들을 가르쳤는데, 끝내 성취하는 이가 적은 것은 모두 그 부형들의 지나친 사랑에 연유한다. 처음에는 비록 신신 부탁하지만 오히려 그 꾸짖어 이끎을 두려워하며, 만약 회초리라도 들면 크게 이상한 일로 여겨 아이들이 비로소 배반하고 떠난다. 그리하여 비록 엄한 스승과 벗이 있어도 만약 현명한 부형이 없다면, 못난 아이들이 禽獸(금수)같이 되고 말아 이르지 않는 곳이 없게 되니, 이는 스승과 벗의 잘못이 아니라 곧 부형이 무지해서이다.

○ 자식을 가르치는 법은 다섯 가지이니, 그 본성을 이끌어 주고 그 뜻을 넓혀 주며 그 재주를 넓혀 주고 그 기운을 북돋아 주며 그 병폐를 다스려 주어야 하는데, 그중 한 가지라도 그만두면 안 된다.

○ 予嘗受人之托, 教數十童子, 畢竟成就者少, 皆緣其父兄之溺愛. 始雖申申屬托, 而猶恐其督率, 若加楚撻, 則大以爲異事, 而童子始叛去矣. 故雖有嚴師友, 而若無賢父兄, 則不肖子弟, 爲禽爲獸, 無所不至, 此非師友之過也, 迺父兄之無識也.

여상수인지탁 교수십동자 필경성취자소 개연기부형지닉애 시수신신촉탁 이유공기독솔 약가초달 즉대이위이사 이동자시반거의 고수유엄사우 이약무현부형 즉불초자제 위금위수 무소부지 차비사우지과야 내부형지무식야

＊출전 : 「士小節(사소절)」

○ 教子有五, 導其性, 廣其志, 養其才, 鼓其氣, 攻其病, 廢一不可.

교자유오 도기성 광기지 양기재 고기기 공기병 폐일불가

＊출전 : 「下學指南(하학지남)」

한자 익히기
- 托 탁 부탁하다
- 溺 닉 빠지다
- 屬 촉 부탁하다
- 撻 달 매질하다
- 叛 반 배반하다
- 導 도 이끌다

| 경험에서 얻은 가르침

## 아들 도둑 이야기

도둑이 다음 날 밤에 그 아들과 함께 한 부잣집에 가서 아들로 하여금 보물 창고 속에 들어가게 하였다. 아들 도둑이 한창 보물을 챙기고 있는데, 아비 도둑이 밖에서 문을 닫아 자물쇠를 걸고는 일부러 흔들어 주인에게 들리도록 하였다. 주인이 집에 도둑이 든 줄 알고 쫓다가 돌아와 자물쇠를 보니 이전과 같이 잠겨 있었다. 이에 주인이 도로 안으로 들어가 아들 도둑은 창고 속에서 탈출할 방도가 없었다. 그래서 일부러 손톱으로 긁어서 쥐가 갉아 먹는 소리를 내었다. 주인은 "쥐가 창고 속에서 물건을 손상시키니 쫓아 버리지 않으면 안 되겠다."라고 하고는, 등불을 켜 자물쇠를 풀고 자세히 보려 하였다. 그 틈에 아들 도둑이 달아났다. 주인집에서 모두 나와 쫓으니 아들 도둑이 다급하여 벗어나지 못할 것을 알고, 못가를 돌아 달아나면서 물에다 돌을 집어 던졌다. 쫓던 자가 "도둑이 물속에 들어갔다."라고 하고서 모두 막아서서 찾으니, 아들 도둑이 이로 말미암아 벗어나 돌아올 수 있었다. 그가 아비를 원망하며 "날짐승도 오히려 제 새끼를 보호할 줄 아는데, 제가 무슨 잘못을 했길래 이렇게 서로 삐걱거리는 것입니까?"라고 하였다.

# 盜子說
도 자 설

盜後夜與其子, 至一富家, 令子入寶藏中, 盜子
도 후 야 여 기 자 지 일 부 가 령 자 입 보 장 중 도 자

耽取寶物, 盜闔戶下鑰, 攪使主聞. 主家逐盜,
탐 취 보 물 도 합 호 하 약 교 사 주 문 주 가 축 도

返視鎖鑰猶故也. 主還內, 盜子在藏中, 無計得
반 시 쇄 약 유 고 야 주 환 내 도 자 재 장 중 무 계 득

出, 以爪搔爬, 作老鼠噬嚙之聲. 主云："鼠在藏
출 이 조 소 파 작 로 서 서 교 지 성 주 운 서 재 장

中損物, 不可不去." 張燈解鑰, 將視之, 盜子脫
중 손 물 불 가 불 거 장 등 해 약 장 시 지 도 자 탈

走. 主家共逐, 盜子窘, 度不能免, 繞池而走, 投
주 주 가 공 축 도 자 군 탁 불 능 면 요 지 이 주 투

石於水. 逐者云："盜入水中矣." 遮欄尋捕, 盜
석 어 수 축 자 운 도 입 수 중 의 차 란 심 포 도

子由是得脫歸. 怨其父曰："禽獸猶知庇子息,
자 유 시 득 탈 귀 원 기 부 왈 금 수 유 지 비 자 식

何所負, 相軋乃爾?"
하 소 부 상 알 내 이

한자 익히기

- 盜 도 훔치다
- 耽 탐 탐하다
- 闔 합 문짝
- 鑰 약 자물쇠
- 攪 교 흔들다
- 鎖 쇄 자물쇠
- 爪 조 손톱
- 搔 소 긁다
- 爬 파 긁다
- 噬 서 깨물다
- 嚙 교 깨물다
- 窘 군 막히다
- 繞 요 두르다
- 遮 차 막다
- 欄 란 난간
- 庇 비 덮다
- 軋 알 삐걱거리다

| 경험에서 얻은 가르침

아비 도둑은 다음과 같이 말하였다. "지금 이후에야 이제 네가 마땅히 천하를 독보할 것이다. 무릇 사람의 기술이란 남에게 배운 것은 한계가 있고, 제 마음에서 얻은 것은 응용이 무궁무진하다. 하물며 곤궁하고 답답한 상황은 능히 사람의 심지를 견고하게 만들고, 사람의 仁(인)을 익숙하게 만듦에랴! 내가 너를 곤궁하게 만든 것은 바로 너를 편안하게 하기 위한 것이요, 내가 너를 위험에 빠뜨린 것은 바로 너를 건져 주기 위한 것이다. 만약 창고에 들어갔다가 쫓기는 근심이 있지 않았더라면, 네가 어찌 쥐가 갉아 먹는 소리를 내고 돌을 던지는 기발한 꾀를 낼 수 있었겠느냐. 네가 곤경으로 인하여 지혜를 이루고 변화에 닥쳐 기발한 꾀를 내었으니, 마음의 근원이 한번 열리기 시작하면 다시 현혹되지 않는 법이기에 네가 마땅히 천하를 독보할 것이다." 그 뒤에 과연 천하에 대적하기 어려운 도적이 되었다.

盜曰 :"而後乃今汝當獨步天下矣. 凡人之技,
도 왈 이 후 내 금 여 당 독 보 천 하 의 범 인 지 기

學於人者, 其分有限, 得於心者, 其應無窮, 而
학 어 인 자 기 분 유 한 득 어 심 자 기 응 무 궁 이

況困窮咈鬱, 能堅人之志, 而熟人之仁者乎? 吾
황 곤 궁 불 울 능 견 인 지 지 이 숙 인 지 인 자 호 오

所以窘汝者, 乃所以安汝也, 吾所以陷汝者, 乃
소 이 군 여 자 내 소 이 안 여 야 오 소 이 함 여 자 내

所以拯汝也. 不有入藏迫逐之患, 汝安能出鼠嚙
소 이 증 여 야 불 유 입 장 북 축 지 환 여 안 능 출 서 교

投石之奇乎? 汝因困而成智, 臨變而出奇, 心源
투 석 지 기 호 여 인 곤 이 성 지 림 변 이 출 기 심 원

一開, 不復更迷, 汝當獨步天下矣." 後果爲天下
일 개 불 부 경 미 여 당 독 보 천 하 의 후 과 위 천 하

難當賊.
난 당 적

* 출전 : 姜希孟(강희맹), 『私淑齋集(사숙재집)』

한자 익히기

- ☐ 咈 불 어기다
- ☐ 鬱 울 막히다
- ☐ 拯 증 건지다

## 이해와 감상

도자설

강희맹이 아들을 훈계하기 위해 지은 「訓子五說(훈자오설)」 가운데 한 편으로, 도둑 父子(부자)의 일화를 들어 自得(자득)의 중요성을 강조하였다. 강희맹의 아들 龜孫(귀손)이 아버지 덕택으로 얻은 벼슬과 자신의 학문 사이에서 고민을 하자, 도둑의 도에도 자득이 있듯이 학문의 도 역시 자득이 있어야 함을 일깨워 주고자 했다. 모든 일에 있어서 그만한 바탕과 자격이 없이는 傲慢(오만)과 不遜(불손)이 드러나 끝내 자신과 주변에 화가 미친다. 학업을 온전히 이룬 뒤에 功名(공명)을 이루고, 그 학문을 바탕으로 자신을 지켜 나갈 수 있다. 강희맹의 「훈자오설」 전체를 함께 읽으면서 자식에게 남겨 주려 한 부모의 참된 가르침을 가슴에 새겨 보아도 좋겠다.

## 보충 자료

도자설

- **姜希孟** **강희맹** | 1424(세종 6)~1483(성종 14). 자는 景醇(경순), 호는 私淑齋(사숙재)·雲松居士(운송거사)·菊塢(국오)·萬松岡(만송강)이다. 세조 때 『신찬국조보감』·『경국대전』, 성종 때 『동문선』·『동국여지승람』·『국조오례의』·『국조오례서례』 등의 편찬에 참여하였다. 저서로는 『衿陽雜錄(금양잡록)』이 있고, 이 밖에 서거정이 성종의 명을 받고 편찬한 『사숙재집』이 전한다.

- **『私淑齋集** **사숙재집』** | 강희맹의 문집으로, 3권 2책이다. 사후에 성종의 명으로 아들 龜孫(귀손)이 수집하고 서거정이 편집하여 1492년(성종 23)에 간행하였다.

| 斷 | 機 | 之 | 戒 |
|---|---|---|---|
| 단 끊다 | 기 베틀 | 지 어조사 | 계 경계하다 |

**겉뜻** 짜고 있던 베를 끊은 훈계.

**속뜻** 학업을 중도 포기하는 일의 폐해에 대한 경계.

孟母斷機(맹모단기)는 劉向(유향)이 지은 『列女傳(열녀전)』에 나오는 고사로, 맹자의 어머니 仉氏(장씨)의 '孟母三遷之敎(맹모삼천지교)'의 고사와 함께 어머니의 엄정하고 헌신적인 교육 방법을 비유한다. 고사의 내용은 이렇다.

맹자가 어렸을 때 집을 떠나 학문을 닦고 있었는데, 중도에 그만두고 집으로 돌아왔다. 그때 맹자의 어머니는 베틀에서 베를 짜고 있었다. 맹자의 어머니가 "배움은 어디까지 이르렀느냐?" 하니, 맹자가 "그저 그렇습니다." 하였다. 이에 맹자의 어머니는 칼을 집어 짜고 있던 베를 잘라 버렸다. 맹자가 두려워하며 그 까닭을 여쭙자, 맹자의 어머니가 "네가 배움을 도중에 그만둔 것은 내가 짜던 이 베를 다 마치지 못하고 끊어 버리는 것과 같다. 무릇 군자는 배워서 바른 이름을 세우고, 물어서 지식을 넓혀야 한다. 그렇게 하면 머물러 있음에 평안하고, 어떤 일이 닥치더라도 해로움을 멀리할 수 있는 것이다. 이제 와서 공부를 그만두게 되면 하인 신세를 면하지 못하게 되고 재난에서 떠날 수가 없다. 베 짜는 일을 그만둔다면 어떻게 식구들의 옷을 해 입히고 오래도록 식량이 떨어지지 않게 하겠느냐? 여자가 생업을 그만두고 남자가 德(덕) 닦는 일을 게을리하면 도둑질 아니면 남의 종노릇을 하게 된다."라고 하였다. 이에 맹자가 두려운 나머지 아침부터 저녁까지 열심히 쉬지 않고 공부하여, 마침내 천하에 이름난 선비가 되었다.

군자가 말하였다. "맹자의 어머니는 어머니가 되는 도리를 알고 있었다."

＊ 출전 : 『列女傳(열녀전)』

## 한시 읽기

한자 익히기

- 冥 명 어둡다
- 厭 염 싫다
- 夙 숙 일찍
- 憚 탄 꺼리다
- 逐 축 쫓다
- 錐 추 송곳
- 繁 번 많다
- 謀 모 꾀하다
- 萎 위 마르다
- 頓 돈 조아리다
- 萎頓 위돈 정신이 없음
- 蓬 봉 쑥
- 蒿 호 쑥
- 蓬蒿 봉호 풀더미

| | |
|---|---|
| 비바람 섞여 부는 날씨 어둑어둑하고 | 冥冥風雨交<br>명 명 풍 우 교 |
| 어지러이 우는 닭 소리 듣기 싫구나 | 厭聞鷄亂號<br>염 문 계 란 호 |
| 관리들은 공명에 뜻을 두어 | 大人志功名<br>대 인 지 공 명 |
| 일찍부터 밤까지 수고를 꺼리지 않고 | 夙夜不憚勞<br>숙 야 불 탄 로 |
| 상인들은 말단의 이익을 좇아서 | 市人逐末利<br>시 인 축 말 리 |
| 온갖 계책으로 조그마한 이익 다투네 | 百計競錐刀<br>백 계 경 추 도 |
| 그러니 날이면 날마다 | 所以日復日<br>소 이 일 부 일 |
| 하는 일이 소털만큼이나 많네 | 作事繁牛毛<br>작 사 번 우 모 |
| 나는 지금 이 두 가지의 계책이 없기에 | 吾今兩無謀<br>오 금 량 무 모 |
| 오두막에서 넋을 놓고 편안하다오 | 萎頓安蓬蒿<br>위 돈 안 봉 호 |

* 출전 : 姜希孟(강희맹, 1424~1483), 「冥冥風雨交 贈平仲(명명풍우교 증평중)」

## 마무리 과제

나에게 가장 큰 울림을 준 깨우침을 떠올려 글로 써 봅시다.

# 한자 쓰기

| 한자 | 음·뜻 | 부수·획수 | 따라 쓰기 | 따라 쓰기 |
|---|---|---|---|---|
| 托 | 탁 부탁하다 | 재방변(扌)부 [3扌3 총6획] | 托 | 托 |
| 溺 | 닉 빠지다 | 삼수변(氵)부 [3氵10 총13획] | 溺 | 溺 |
| 屬 | 촉 부탁하다 | 주검시(尸)부 [3尸18 총21획] | 屬 | 屬 |
| 撻 | 달 매질하다 | 재방변(扌)부 [3扌12 총15획] | 撻 | 撻 |
| 叛 | 반 배반하다 | 또우(又)부 [2又7 총9획] | 叛 | 叛 |
| 導 | 도 이끌다 | 마디촌(寸)부 [3寸12 총15획] | 導 | 導 |
| 盜 | 도 훔치다 | 그릇명(皿)부 [5皿7 총12획] | 盜 | 盜 |
| 耽 | 탐 탐하다 | 귀이(耳)부 [6耳4 총10획] | 耽 | 耽 |
| 闔 | 합 문짝 | 문문(門)부 [8門10 총18획] | 闔 | 闔 |
| 鑰 | 약 자물쇠 | 쇠금(金)부 [8金17 총25획] | 鑰 | 鑰 |

| 한자 | 음·뜻 | 부수·획수 |
|---|---|---|
| 攪 | 교 흔들다 | 재방변(扌)부 [3扌20 총23획] |
| 鎖 | 쇄 자물쇠 | 쇠금(金)부 [8金10 총18획] |
| 爪 | 조 손톱 | 손톱조(爪)부 [4爪0 총4획] |
| 搔 | 소 긁다 | 재방변(扌)부 [3扌10 총13획] |
| 爬 | 파 긁다 | 손톱조(爪)부 [4爪4 총8획] |
| 噬 | 서 깨물다 | 입구(口)부 [3口13 총16획] |
| 囓 | 교 깨물다 | 입구(口)부 [3口15 총18획] |
| 窘 | 군 막히다 | 구멍혈(穴)부 [5穴7 총12획] |
| 繞 | 요 두르다 | 실사(糸)부 [6糸12 총18획] |
| 遮 | 차 막다 | 책받침(辶)부 [3辶11 총14획] |

| 한자 | 음·뜻 | 부수·획수 |
|---|---|---|
| 欄 | **란** 난간 | 나무목(木)부 [4木17 총21획] |
| 庇 | **비** 덮다 | 엄호(广)부 [3广4 총7획] |
| 軋 | **알** 삐걱거리다 | 수레거(車)부 [7車1 총8획] |
| 咈 | **불** 어기다 | 입구(口)부 [3口5 총8획] |
| 鬱 | **울** 막히다 | 술창(鬯)부 [10鬯19 총29획] |
| 拯 | **증** 건지다 | 재방변(扌)부 [3扌6 총9획] |
| 冥 | **명** 어둡다 | 민갓머리(冖)부 [2冖8 총10획] |
| 厭 | **염** 싫다 | 민엄호(厂) [2厂12 총14획] |
| 夙 | **숙** 일찍 | 저녁석(夕)부 [3夕3 총6획] |
| 憚 | **탄** 꺼리다 | 심방변(忄)부 [3忄12 총15획] |

| 한자 | 음·뜻 | 부수 | | | | | |
|---|---|---|---|---|---|---|---|
| 逐 | 축 쫓다 | 책받침(辶)부 [3辶7 총10획] | 逐 | 逐 | | | |
| 錐 | 추 송곳 | 쇠금(金)부 [8金8 총16획] | 錐 | 錐 | | | |
| 繁 | 번 많다 | 실사(糸)부 [6糸11 총17획] | 繁 | 繁 | | | |
| 謀 | 모 꾀하다 | 말씀언(言)부 [7言9 총16획] | 謀 | 謀 | | | |
| 萎 | 위 마르다 | 초두머리(艹)부 [4艹8 총12획] | 萎 | 萎 | | | |
| 頓 | 돈 조아리다 | 머리혈(頁)부 [9頁4 총13획] | 頓 | 頓 | | | |
| 蓬 | 봉 쑥 | 초두머리(艹)부 [4艹10 총14획] | 蓬 | 蓬 | | | |
| 蒿 | 호 쑥 | 초두머리(艹)부 [4艹10 총14획] | 蒿 | 蒿 | | | |